Studentisches Publizieren in den Sozialwissenschaften

Philipp Köker • Morten Harmening

Studentisches Publizieren in den Sozialwissenschaften

Von der Haus- und Abschlussarbeit
zur wissenschaftlichen Publikation

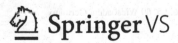

Philipp Köker
Institut für Politikwissenschaft
Leibniz Universität Hannover
Hannover, Deutschland

Morten Harmening
Institut für Politikwissenschaft
Leibniz Universität Hannover
Hannover, Deutschland

ISBN 978-3-658-43168-6   ISBN 978-3-658-43169-3 (eBook)
https://doi.org/10.1007/978-3-658-43169-3

Die Deutsche Nationalbibliothek verzeichnet diese Publikation in der Deutschen Nationalbibliografie; detaillierte bibliografische Daten sind im Internet über https://portal.dnb.de abrufbar.

Planung/Lektorat: Barbara Emig-Roller
Springer VS ist ein Imprint der eingetragenen Gesellschaft Springer Fachmedien Wiesbaden GmbH und ist ein Teil von Springer Nature.
Die Anschrift der Gesellschaft ist: Abraham-Lincoln-Str. 46, 65189 Wiesbaden, Germany

Das Papier dieses Produkts ist recyclebar.

Danksagung

Noch immer verschwinden jedes Jahr tausende Haus- und Abschlussarbeiten in den Schubladen und Aktenschränken deutscher Hochschulen. Dabei besitzen viele studentische Qualifikationsarbeiten das Potenzial, einen eigenen Beitrag zum wissenschaftlichen Fortschritt zu leisten und sollten deswegen einer breiteren Öffentlichkeit zugänglich gemacht werden. Dieses Buch richtet sich an Studierende, die ihre Haus- oder Abschlussarbeit in einer (studentischen) Fachzeitschrift publizieren wollen – und an Dozierende, die sie dabei unterstützen möchten.

Die ersten Materialien für dieses Buch entstanden im Rahmen von Seminaren, die wir in den Jahren 2020 und 2021 an der Leibniz Universität Hannover und der Otto-Friedrich-Universität Bamberg unterrichtet haben, und basierten vor allem auf unseren eigenen Erfahrungen als Autoren und Herausgeber. Wir möchten uns herzlich bei allen Studierenden für ihre aktive Teilnahme und ihr Feedback bedanken. Ebenso gilt unser Dank Veronika Anghel, Miloš Brunclík und Marta Kotwas, die in Philipps Seminar in Hannover als Gastdozierende faszinierende Einblicke hinter die Kulissen des wissenschaftlichen Publikationsprozesses gewährten. Die Idee eines Lehrbuchs nahm schließlich in Gesprächen mit Fabio Bothner konkrete Formen an, der als Mortens Ko-Dozent in Bamberg auch an der Gestaltung einiger Elemente beteiligt war, die später ihren Weg in dieses Buch gefunden haben. Für sein Feedback und seine Ideen sind wir ihm sehr dankbar.

Im Juni 2023 konnten wir Entwürfe unserer Kapitel im Rahmen eines Workshops mit Kolleg:innen aus verschiedenen sozialwissenschaftlichen Disziplinen diskutieren. Wir bedanken uns bei Stephanie Beyer, Christian Bohlen, Felicia Riethmüller und Simon Weingärtner für ihre einsichtsvollen Kommentare, kritischen Fragen und hilfreichen Anregungen. Wir sind ebenfalls dankbar für die hilfreichen Kommentare und Hinweise zu verschiedenen Kapiteln und Aspekten des

V

Buches, die wir von Victoria Bauer, Julia Götzel, Florian Lenner, Fernando Pato-Madera sowie Kolleg:innen von nah und fern erhalten haben.

Die Fertigstellung des Manuskripts wäre nicht möglich gewesen ohne Laura Brune und Pepe Clemenz Weber, deren präzise Anmerkungen und Korrekturen eine unschätzbare Hilfe bei der finalen Überarbeitung waren.

Abschließend gilt unser Dank Barbara Emig-Roller und Shahbaz Alam bei Springer VS.

Philipp Köker und Morten Harmening

Inhaltsverzeichnis

Teil III Von der Einreichung zur Publikation

Über die Autoren

Philipp Köker ist Akademischer Rat am Institut für Politikwissenschaft der Leibniz Universität Hannover. Nach seinem Studium in Mannheim und London promovierte er 2015 am University College London. Seine Dissertation wurde mit dem *Jean Blondel Prize for the best thesis in politics* des *European Consortium for Political Research* (ECPR) ausgezeichnet. Seine Forschungsschwerpunkte sind die Politik von Präsidenten, politische Parteien und Wahlen sowie vergleichendes Verfassungsrecht. Er ist der Autor von *Presidential Activism and Veto Power in Central and Eastern Europe* (Palgrave, 2017) und *Party People: Candidates and Party Evolution* (OUP, 2023; mit Allan Sikk) sowie zahlreicher Beiträge, z. B. in *Democratization, German Politics, Party Politics, Review of Central and East European Law* und dem *Oxford Handbook of Polish Politics*. Seit 2020 ist er Associate Editor bei *SN Social Sciences* und Mitglied des Editorial Boards von *Acta Politologica*. Als Mitglied des International Advisory Boards berät er weiterhin die Redaktion der Fachzeitschrift der *International Association of Political Science Students* (*IAPSS Politikon*).

Morten Harmening ist Doktorand am Institut für Politikwissenschaft der Leibniz Universität Hannover. Zuvor studierte er Politikwissenschaft an der Leibniz Universität Hannover und der Otto-Friedrich-Universität Bamberg. Seine Forschungsinteressen liegen in der Parlamentarismusforschung, insbesondere im Bereich des legislativen Verhaltens. Darüber hinaus beschäftigt er sich mit quantitativen Methoden und kausaler Inferenz. Während seines Studiums war er als Hilfskraft an der Universität Hannover, der Universität Mannheim sowie der Universität Bamberg tätig. Bereits als Student veröffentlichte er Aufsätze in der *Politi-*

schen Vierteljahresschrift und der *Zeitschrift für Parlamentsfragen* und unterrichtete als Lehrbeauftragter an der Universität Bamberg ein Seminar zum studentischen Publizieren. Von 2019 bis 2022 war er Mitglied im Vorstand und ab 2020 Vorsitzender der Deutschen Nachwuchsgesellschaft für Politik- und Sozialwissenschaften (DNGPS e.V.). Bis 2023 fungierte er als Herausgeber der referierten *DNPGS Working Paper* Reihe, der studentischen Fachzeitschrift der DNGPS.

Abbildungsverzeichnis

Tabellenverzeichnis

Einleitung

1

In diesem Kapitel:

* Worum geht es in diesem Buch?
* Für wen ist dieses Buch geeignet?
* Wie ist dieses Buch aufgebaut?

Die meisten Studierenden kennen es: Ein ganzes Semester haben sie intensiv an einer Hausarbeit gearbeitet oder mehrere Monate in der Bibliothek verbracht, um Literatur und Daten für ihre Abschlussarbeit zu recherchieren. Zum Schluss ist auch eine (sehr) gute Note herausgekommen – aber was passiert jetzt mit der Arbeit?

Studierende an deutschen Hochschulen schreiben jedes Jahr tausende Haus- und Abschlussarbeiten, die leider oft nur von Dozierenden gelesen werden, bevor sie in Aktenschränken und Archiven verschwinden. Das führt nicht nur bei Studie- renden zu Frustration – auch für die Wissenschaft ist diese Praxis ein großer Ver- lust. Insbesondere Arbeiten aus höheren Fachsemestern oder Bachelor- und Masterarbeiten verfolgen oft spannende Forschungsfragen, wenden anspruchs- volle Methoden an und liefern neue Erkenntnisse. Jedoch werden selbst brillante Arbeiten, die einen eigenständigen Beitrag zum wissenschaftlichen Fortschritt leisten, meist in der Schreibtischschublade begraben. Einige Studierende laden daher ihre Arbeiten auf fragwürdigen Hausarbeiten-Plattformen hoch. Dort können dann zwar andere Studierende die Arbeit finden und – gegen Geld – herunterladen, in der Wissenschaft finden diese Arbeiten aber keinerlei Beachtung. Was viele Stu- dierende (und Dozierende!) jedoch nicht wissen: Es gibt zahlreiche Möglichkeiten, studentische Arbeiten als Aufsätze in seriösen Fachzeitschriften zu publizieren und so der Wissenschaftswelt zugänglich zu machen.

© Der/die Autor(en), exklusiv lizenziert an Springer Fachmedien Wiesbaden   1
GmbH, ein Teil von Springer Nature 2024
P. Köker, M. Harmening, *Studentisches Publizieren in den Sozialwissenschaften*,
https://doi.org/10.1007/978-3-658-43169-3_1

1.1 Warum dieses Buch?

Studentisches Publizieren, d. h. die Veröffentlichung wissenschaftlicher Arbeiten durch Studierende, hat in den letzten Jahren insbesondere in den Sozialwissenschaften enorm an Bedeutung gewonnen. Zahlreiche Universitäten haben forschungsorientierte Master-Studiengänge etabliert, in denen die Replikation bestehender Studien und die Durchführung eigener Forschungsprojekte im Vordergrund stehen. Teilweise wird von Studierenden auch verlangt, dass sie ihre Masterarbeit in Form eines wissenschaftlichen Fachaufsatzes schreiben. Doch auch in Bachelor-Studiengängen rückt studentische Forschung (z. B. im Rahmen von Lehrforschungsprojekten) zunehmend in den Vordergrund und die Veröffentlichung der Ergebnisse wird als wichtiges Lernziel erachtet. Weiterhin wurden in den letzten Jahren zahlreiche Fachzeitschriften für studentische Forschung von Universitäten oder von Studierenden selbst ins Leben gerufen (wie zum Beispiel das *Young Journal of European Affairs*).

Wir sind der festen Überzeugung, dass studentische Forschung nicht nur für die Lehre, sondern auch für die Wissenschaft ein großes Potenzial besitzt, das aber leider noch oft unterschätzt wird. Studierende tragen aktuelle Problemstellungen in den wissenschaftlichen Diskurs und nähern sich etablierten Themen aus neuen Perspektiven. Wir wollen, dass Haus- und Abschlussarbeiten nicht länger in der Schublade verschwinden, sondern einer breiteren Öffentlichkeit zugänglich gemacht werden. Gleichzeitig glauben wir, dass Studierende nicht nur während des Studiums, sondern auch danach in vielfältiger Weise von einer Publikation profitieren – ganz unabhängig davon, ob sie eine wissenschaftliche Karriere anstreben oder nicht. Ziel unseres Buches ist es deshalb, Studierenden dabei zu helfen, die Ergebnisse ihrer Forschung mit anderen Wissenschaftler:innen im Rahmen einer wissenschaftlichen Publikation zu teilen.

Bisher gibt es kaum Ressourcen für Studierende, die ihre erste Publikation in Angriff nehmen wollen oder Lehrbücher, die sich mit den spezifischen Chancen und Herausforderungen des studentischen Publizierens auseinandersetzen. Die meisten Ratgeber richten sich an Promovierende und Postdoktorand:innen und setzen ein großes Vorwissen voraus, sodass sie für Studierende wenig hilfreich sind. Außerdem beziehen sich viele Lehrbücher auf die Erstellung neuer Texte – die Überarbeitung bereits verfasster Qualifikationsarbeiten wird hingegen nicht behandelt. Unser Buch will diese Lücke schließen und Studierende auf dem Weg von der Haus- und Abschlussarbeit zur wissenschaftlichen Publikation begleiten. Es erklärt den wissenschaftlichen Publikationsprozess aus studentischer Sicht und erläutert gängige Fachbegriffe, ohne Vorkenntnisse vorauszusetzen. Das Buch bietet zudem praktische Beispiele und Übungen sowie konkrete Tipps und Hinweise, um Studierenden zu helfen, die zahlreichen Hürden einer Veröffentlichung zu meistern und Frustrationen zu vermeiden.

1.2   An wen richtet sich dieses Buch?

Dieses Buch richtet sich in erster Linie an Studierende, die mehr über die Welt des wissenschaftlichen Publizierens erfahren möchten und darüber nachdenken, ihre erste eigene Publikation in Angriff zu nehmen. Dabei spielt es keine Rolle, ob sie gerade erst das erste Bachelorsemester abgeschlossen haben oder bereits ihre Masterarbeit in den Händen halten. Auch Promovierende, die immer häufiger angehalten werden, ihre Masterarbeit als erste „Übung" im wissenschaftlichen Publizieren in Form eines Zeitschriftenaufsatzes zu veröffentlichen, finden hier hilfreiche Tipps. Studierende können dieses Buch einerseits im Selbststudium (z. B. als Begleitlektüre zu Kursen zum wissenschaftlichen Arbeiten oder zu Lehrforschungsseminaren) nutzen, um sich Klarheit darüber zu verschaffen, ob sie sich auf das Abenteuer einer eigenen wissenschaftlichen Publikation einlassen wollen. Andererseits kann das Buch auch gemeinsam mit anderen Studierenden genutzt werden (z. B. in einem Journal Club oder in einem studentischen Kolloquium). Hierbei soll das Buch helfen, Entwürfe gemeinsam zu diskutieren, sich gegenseitig Feedback zu geben und so Manuskripte bis zur Publikationsreife weiterzuentwickeln.

Das Buch hält auch für Dozierende eine Reihe verschiedener Ressourcen bereit, um Studierende bei der ersten Veröffentlichung zu unterstützen oder Informationen zum wissenschaftlichen Publikationsprozess in die Lehre zu integrieren. Für Studierende, die eine überdurchschnittliche Haus- oder Abschlussarbeit geschrieben haben, können ausgewählte Abschnitte als „Hausaufgaben" oder das Durcharbeiten des gesamten Buches empfohlen werden. Weiterhin kann das Buch Dozierende bei der Durchführung von Lehrforschungsseminaren unterstützen, in denen Studierende selbst publikationsfähige wissenschaftliche Arbeiten erstellen sollen. Hier kann das Buch als Lehrbuch eingesetzt werden, das inhaltlich-thematische Sitzungen mit Informationen zum Publikationsprozess begleitet. Dazu stehen Dozierenden im Anhang sowie online unter www.studentisches-publizieren.de ein Foliensatz und weitere Informationen zur Verfügung. Auch in Einführungsveranstaltungen oder Schreibberatungen können Teile des Buches zur Erklärung des wissenschaftlichen Publikationsprozesses eingesetzt werden.

Wir haben dieses Buch insbesondere im Hinblick auf die Gegebenheiten in den Sozialwissenschaften – vor allem in der Politikwissenschaft, der Soziologie und in ähnlichen Disziplinen mit empirisch-analytischer Orientierung – geschrieben.

Viele Informationen und Erklärungen sind zwar auch auf andere Disziplinen anwendbar. Jedes wissenschaftliche Teilgebiet stellt jedoch andere Anforderungen an wissenschaftliche Arbeiten und auch die Publikationskultur, d. h. wie und wo Wissenschaftler:innen ihre Forschung veröffentlichen, unterscheidet sich. Selbst innerhalb eines Faches gibt es länderspezifische Unterschiede. Daher beschränken sich die praktischen Beispiele und Hinweise überwiegend auf den deutschsprachigen Raum sowie die Fächer, mit denen wir uns am besten auskennen. Wir gehen weiterhin davon aus, dass die Leser:innen dieses Buches bereits mit den allgemeinen Standards wissenschaftlichen Arbeitens vertraut sind (z. B. korrektes Zitieren aller verwendeten Quellen; angemessene wissenschaftliche Ausdrucksweise). Daher gibt es in diesem Buch auch keine eigenen Kapitel zu diesen Themen. Wir weisen aber trotzdem immer wieder auf weitere Ressourcen hin.

1.3   Wie ist das Buch aufgebaut?

Dieses Buch ist in drei Teile gegliedert, die jeweils drei bzw. vier Kapitel umfassen. Der Aufbau folgt dabei dem Prozess der Überarbeitung einer Haus- oder Abschlussarbeit zur Publikation als Fachaufsatz, sodass die Kapitel jeweils aufeinander aufbauen. Wir haben uns jedoch bemüht, die Kapitel so zu schreiben, dass sie auch dann verständlich sind, wenn man das eine oder andere Kapitel nur überfliegt.

Teil I: Wissenschaftlich und studentisch publizieren Der erste Teil des Buches gibt zunächst eine allgemeine Einführung in das Thema. Kap. 2 erklärt zunächst die Funktionen und Ziele wissenschaftlicher Publikationen. Wir erläutern, wie und warum Studierende von der Publikation ihrer Arbeit und einer intensiveren Beschäftigung mit dem wissenschaftlichen Publikationsprozess profitieren können. Außerdem stellen wir verschiedene deutsch- und englischsprachige Fachzeitschriften für studentische Forschung vor. Kap. 3 zeigt die Unterschiede zwischen Haus- und Abschlussarbeiten und wissenschaftlichen Publikationen auf. Obwohl beide Formate wissenschaftliche Forschungsarbeiten sind, verfolgen sie unterschiedliche Ziele. Das Kapitel diskutiert die unterschiedlichen Anforderungen an studentische Arbeiten und wissenschaftliche Publikationen und hebt die Aspekte hervor, in denen Qualifikationsarbeiten oft bereits wissenschaftliche Standards erreichen. Kap. 4 beschreibt den wissenschaftlichen Publikationsprozess und die Rolle von Herausgeber:innen, Gutachter:innen, Verlagen und Fachgesellschaften. Neben dem Ablauf eines typischen Begutachtungsprozesses, erläutern wir auch die Prinzipien von Open Access sowie die Gefahren sogenannter Raubverlage.

Teil II: Von der Haus- und Abschlussarbeit zum Manuskript Der zweite Teil des Buches begleitet Studierende Schritt für Schritt beim Prozess der Überarbeitung ihrer Haus- oder Abschlussarbeit. In Kap. 5 stellen wir Kriterien vor, anhand derer Studierende überprüfen können, ob ihre Arbeit zur Publikation geeignet ist und wie viel Aufwand für die Überarbeitung eingeplant werden muss. Das Buch legt ein besonderes Augenmerk auf Fachaufsätze, die als klassische Form der wissenschaftlichen Publikation für Studierende besonders relevant sind. In Kap. 6 liegt der Fokus auf der schrittweisen Überarbeitung von Haus- und Abschlussarbeiten. In Unterkapiteln zu den klassischen Elementen eines Fachaufsatzes (Einleitung, Literatur, Theorie, Forschungsdesign/Methoden, Analyse, Fazit/Diskussion) geben wir anhand des Fragen-Dreischritts *Was bleibt? – Was muss überarbeitet werden? – Was muss gehen?* konkrete Hinweise zur inhaltlichen Überarbeitung. Kap. 7 beschäftigt sich mit der sprachlich-formalen Überarbeitung des Manuskripts und geht auf typische Fehler ein. Außerdem geben wir Hinweise zur Formatierung von Tabellen und Abbildungen und zum Schreiben auf Englisch.

Teil III: Von der Einreichung zur Publikation Der dritte Teil enthält schließlich eine Anleitung zur Einreichung, Überarbeitung und Publikation des zuvor erarbeiteten Fachaufsatzes. In Kap. 8 stellen wir die ersten Schritte bei der Auswahl einer geeigneten Zeitschrift vor und geben Tipps für das Einholen von Feedback vor der Einreichung (z. B. auf studentischen Konferenzen). Weiterhin erklären wir, welche Vorgaben der Zeitschrift bei der Finalisierung und Einreichung des Manuskripts unbedingt einzuhalten sind. Kap. 9 rückt dann den Umgang mit Fachgutachten in den Fokus. Wir geben Hinweise zur systematischen Überarbeitung des eigenen Aufsatzes auf Basis von externen Gutachten und zum Verfassen eines Antwortschreibens an die Gutachter:innen nach der Überarbeitung. Zudem erklären wir, wie Studierende konstruktiv mit Ablehnungen umgehen können. In Kap. 10 geht es schließlich darum, was passiert, nachdem ein Aufsatz publiziert wurde. Wir diskutieren, wie und über welche Plattformen sich publizierte Artikel verbreiten lassen und welche Grenzen es dabei gibt. Dabei gehen wir auf nützliche Online-Profile ein und erläutern die Funktionsweise der VG Wort. In Kap. 11 geben wir Hinweise für den Übergang zum Publizieren in nicht-studentischen Zeitschriften sowie die Integration studentischen Publizierens in die Lehre und stellen dafür einen Musterseminarplan zur Verfügung.

Ressourcen für Studierende und Dozierende Jedes Kapitel in diesem Buch wird durch unterschiedliche Beispiele sowie Lesefragen, Aufgaben, Checklisten und weiterführende Literatur vervollständigt. Der Anhang des Buches enthält ein Glossar der wichtigsten Begriffe. Auf unserer Webseite www.studentisches-publizieren.de stellen wir zudem weitere Materialien für Studierende und Dozierende bereit.

1.4   Zum Abschluss

Dieses Buch baut auf Materialien auf, die wir für Lehrforschungsseminare auf Bachelor- und Masterniveau an verschiedenen Universitäten entwickelt haben. Gleichzeitig stützt sich das Buch aber auch auf unsere Erfahrungen mit verschiedenen Aspekten des wissenschaftlichen Publikationsprozesses – als Autoren für nationale und internationale Fachzeitschriften und Verlage sowie als Herausgeber. Philipp Köker ist seit mehreren Jahren Associate Editor der Zeitschrift *SN Social Sciences* und Mitglied des Editorial Boards von *ActaPolitologica*. Als Mitglied des International Advisory Boards berät er zudem die Herausgeber:innen von *IAPSS Politikon*, der Fachzeitschrift der *International Association of Political Science Students*. Morten Harmening hat schon als Student Aufsätze in Fachzeitschriften veröffentlicht und war Lehrbeauftragter an der Universität Bamberg. Zudem war er Vorsitzender der *Deutschen Nachwuchsgesellschaft für Politik- und Sozialwissenschaften* (DNGPS e.V.) und fungierte als Herausgeber der referierten *DNPGS Working Paper*, der studentischen Fachzeitschrift der DNGPS. Gleichzeitig befinden wir uns an unterschiedlichen Stationen unseres wissenschaftlichen Werdegangs – während bei Philipp gerade das Habilitationsverfahren begonnen hat, war Morten noch Student als wir angefangen haben dieses Buch zu schreiben. So können wir sowohl die Perspektive der Dozierenden als auch die der Studierenden einnehmen und die Informationen für beide Zielgruppen optimal aufbereiten.

Wir freuen uns jederzeit über Anmerkungen, Feedback und Fragen aber auch über Erfahrungsberichte von Leser:innen dieses Buches. Welche Kapitel haben Ihnen am meisten weitergeholfen? Wo hätten wir ausführlicher sein können? Was hätten Sie gerne noch gewusst, bevor Sie Ihre erste Veröffentlichung in Angriff genommen haben? Kontaktieren Sie uns gerne per E-Mail oder über unsere Webseite und lassen Sie uns an Ihrem Weg von der Haus- und Abschlussarbeit zur wissenschaftlichen Publikation teilhaben!

Philipp Köker – p.koeker@ipw.uni-hannover.de
Morten Harmening – m.harmening@ipw.uni-hannover.de
Unsere Webseite: www.studentisches-publizieren.de

Weiterführende Literatur

Hänel, L. (2017, 9. März). Studentische Fachzeitschriften. Retter der Abschlussarbeiten. *Frankfurter Allgemeine Zeitung.* https://www.faz.net/aktuell/karrierehochschule/campus/studentische-fachzeitschriften-die-retter-der-abschlussarbeiten-14906689.html

- Dieser Artikel beschreibt die Chancen des studentischen Publizierens und berichtet von einem Studenten, der eine überarbeitete Version seiner Masterarbeit in der studentischen Zeitschrift *Soziologiemagazin* publiziert hat.

Heudorfer, A., Hofhues, S., Pensel, S., Springhorn, J., & van Treeck, T. (2018). Studentisches Publizieren – Ein Wert an sich. In S. Heuchemer, F. Siller, & T. van Treeck (Hrsg.), *Hochschuldidaktik forscht zu Vielfalt und Offenheit Profilbildung und Wertefragen in der Hochschulentwicklung* (S. 121–130). Technische Hochschule Köln. https://doi.org/10.57684/COS-802

- Dieses Kapitel diskutiert die Rolle studentischer Publikationen im Kontext des forschenden Lernens. Es kombiniert wissenschaftlichen Perspektiven mit Erfahrungen von Redakteur:innen zweier studentischer Fachzeitschriften.

Teil I
Wissenschaftliche und studentische Publikationen

Studentisches Publizieren: Wie? Wo? Warum?

2

In diesem Kapitel:

- Warum publizieren Wissenschaftler:innen?
- Welche Vorteile hat eine Publikation für Studierende?
- Wo können Studierende ihre Forschungsergebnisse veröffentlichen?

In diesem Kapitel widmen wir uns den Chancen und Herausforderungen des studentischen Publizierens. Wir erläutern zunächst welche Ziele Wissenschaftler:innen mit dem Publizieren verfolgen. Anschließend erklären wir, wie Studierende von einer intensiveren Beschäftigung mit dem wissenschaftlichen Publikationsprozess profitieren und welche Vorteile eine Publikation mit sich bringt – sowohl während des Studiums als auch nach dem Abschluss. Zudem gehen wir auf gängige Publikationsformate ein und diskutieren ihre Vor- und Nachteile für Studierende, die ihre erste Veröffentlichung in Angriff nehmen möchten. Abschließend geben wir einen Überblick über deutsch- und englischsprachige Publikationsmöglichkeiten für Studierende.

2.1 Warum publizieren Wissenschaftler:innen?

In diesem Buch geht es darum, wie Studierende ihre Forschungsergebnisse veröffentlichen können. Aber warum publizieren Wissenschaftler:innen überhaupt? Welche Funktion haben wissenschaftliche Publikationen? Diese Fragen mögen auf den ersten Blick trivial erscheinen, doch wer ein wenig darüber nachdenkt, wird feststellen, dass es gar nicht so einfach ist, eine einheitliche Antwort zu geben. In

© Der/die Autor(en), exklusiv lizenziert an Springer Fachmedien Wiesbaden GmbH, ein Teil von Springer Nature 2024
P. Köker, M. Harmening, *Studentisches Publizieren in den Sozialwissenschaften*,
https://doi.org/10.1007/978-3-658-43169-3_2

verschiedenen Ratgebern und Handbüchern finden sich oft lange Listen mit Gründen, warum Wissenschaftler:innen publizieren. Im Wesentlichen lassen sich diese Gründe aber in den folgenden fünf Punkten zusammenfassen. Die ersten drei Punkte beziehen sich dabei hauptsächlich auf den allgemeinen Nutzen wissenschaftlicher Publikationen, die letzten zwei Punkte auf den Nutzen für einzelne Wissenschaftler:innen:

- **Dokumentation:** Wissenschaftler:innen wollen durch ihre Arbeit Neues herausfinden – sie schaffen (im wahrsten Sinne des Wortes) stetig neues Wissen. Publikationen sind der wichtigste Weg, um neue Erkenntnisse zu sichern und so anderen (dauerhaft) zugänglich zu machen. So haben Wissenschaftler:innen quasi eine Pflicht zu publizieren.
- **Bekanntmachung:** Allein die Dokumentation von neuem Wissen ist nicht genug, um den wissenschaftlichen Fortschritt voranzutreiben – andere Wissenschaftler:innen müssen auch davon erfahren. Insbesondere regelmäßig erscheinende Fachzeitschriften erlauben hier die schnelle Verbreitung neuer Erkenntnisse.
- **Qualitätssicherung:** Durch die Veröffentlichung stellen Wissenschaftler:innen nicht nur ihre Ergebnisse zur Verfügung, sondern sie legen auch ihre Arbeitsweise offen (und machen häufig auch ihre Forschungsdaten zugänglich). Andere Wissenschaftler:innen können die Ergebnisse so mit anderen Publikationen vergleichen und ihre Qualität überprüfen.
- **Urheberschaft:** Wo Wissenschaftler:innen neues Wissen produzieren, wollen sie auch die gebührende Anerkennung dafür erhalten. Publikationen dokumentieren, wer an der Produktion neuer Erkenntnisse in welcher Funktion mitgewirkt hat. Neben der Publikation in einer Fachzeitschrift, teilen einige Wissenschaftler:innen bereits Arbeitsversionen (sog. *Preprints*) ihrer Forschung über wissenschaftlichen Online-Plattformen, um ihre Arbeit möglichst schnell der Öffentlichkeit zugänglich zu machen. Diese Quellen sind allerdings weniger verlässlich, da sie noch kein unabhängiges Begutachtungsverfahren durchlaufen haben (siehe Kap. 4).
- **Reputation:** Das Ansehen von Wissenschaftler:innen ist eng mit der Urheberschaft verbunden. Es gibt in den allermeisten Fällen zwar kein Geld für eine Publikation. Allerdings sind qualitativ hochwertige Publikationen eine der wichtigsten Grundlagen für eine wissenschaftliche Karriere – je mehr, desto besser. International hat sich dementsprechend der Ausspruch „Publish or perish" (Publiziere oder gehe unter) etabliert.

Diese fünf Gründe beziehen sich vor allem auf die Veröffentlichung neuer Erkenntnisse. Je nach Disziplin, Thema oder Karrierephase sind diese (und andere) Punkte mehr oder weniger ausschlaggebend. Im nächsten Abschnitt widmen wir uns der Frage, warum Studierende ihre Forschungsergebnisse publizieren sollten und welche spezifischen Vorteile sie davon haben.

2.2   Warum sollten Studierende ihre Forschung publizieren?

Warum Wissenschaftler:innen publizieren, ist nun klar – aber welchen Nutzen hat eine Publikation für Studierende und Absolvent:innen? Auch wenn die Wahrscheinlichkeit gering ist, dass jemand für eine Publikation im Studium den Nobelpreis erhält, hat die Arbeit an einer Veröffentlichung trotzdem viele Vorteile. Diese Vorteile gelten nicht nur für das Studium, sondern auch darüber hinaus: egal, ob eine wissenschaftliche Karriere angestrebt wird oder nicht. Im Folgenden haben wir die wichtigsten Argumente zusammengefasst, warum Studierende ihre Arbeiten veröffentlichen sollten und warum auch Dozierende davon profitieren, studentisches Publizieren in die Lehre zu integrieren:

Tiefergehende Beschäftigung mit einem Thema Die Auseinandersetzung mit den Inhalten eines Seminars endet in der Regel mit der Abgabe einer Hausarbeit. Manchmal ist es möglich, einzelne Fragestellungen in einer Abschlussarbeit aufzugreifen. Ansonsten besteht jedoch selten die Möglichkeit, längerfristig an einem Thema zu arbeiten. Die Überarbeitung einer Qualifikationsarbeit zur Publikation ermöglicht es Studierenden, sich noch einmal intensiver mit einem Thema zu beschäftigen und Fragen nachzugehen, die ihnen erst nach Abschluss der Arbeit aufgefallen sind. Gleichzeitig hilft ihnen der Prozess, über das Studium hinaus spezifische Expertise in einem Themenbereich aufzubauen.

Weiteres Feedback & Impulse für die nächsten Arbeiten Gerade an großen Instituten ist es für Dozierende nicht immer möglich, allen Studierenden detailliertes Feedback zu ihren Arbeiten zu geben. Wissenschaftliche Publikationen durchlaufen vor der Veröffentlichung einen sogenannten Begutachtungsprozess bei dem Autor:innen von anderen Wissenschaftler:innen – meist anonym – weiteres Feedback zur Überarbeitung erhalten (mehr dazu in Kap. 4). Dies kann spannende Impulse geben: Wissenschaftler:innen von anderen Instituten werden vermutlich einen anderen Blick auf die eigene Arbeit haben als die heimischen Dozierenden. Gutachter:innen weisen auf alternative theoretische Ansätze, neue Methoden oder andere interessante Fälle hin, geben aber auch eine Einschätzung zu den Stärken und Schwächen der Arbeit. Hier profitieren Studierende vom Begutachtungsprozess und können die Erfahrungen zur Verbesserung ihrer nächsten Haus- oder Abschlussarbeit nutzen.

Mehr Motivation durch größeres Publikum Oft werden Haus- und Abschlussarbeiten nur von den Prüfenden gelesen. Wenn Studierende ihre Arbeit jedoch überarbeiten und zur Publikation einreichen, vergrößert sich ihre potenzielle Leserschaft. Zunächst wird die Arbeit nur von Herausgeber:innen und Gutachter:innen gelesen (Kap. 4). Im Idealfall stärken Gutachten das Selbstvertrauen, da der wissenschaftliche Mehrwert und die Stärken der Arbeit noch einmal hervorgehoben und bestätigt werden (zum Umgang mit Gutachten, siehe Kap. 9). Sollte die Arbeit zur Publikation angenommen werden, steht sie einem ungleich größeren Publikum zur Verfügung. Ganz egal, ob später 50 oder 5000 Menschen die Arbeit lesen – es sind in jedem Fall mehr, als wenn die Haus- oder Abschlussarbeit in der Schreibtischschublade verschwunden wäre.

Identifikation mit dem Studienfach Eine Publikation geht in der Regel mit einer intensiveren Auseinandersetzung mit einer Forschungsfrage einher als dies bei einer Hausarbeit der Fall ist. Dadurch profitieren nicht nur Studierende von einer Publikation, sondern auch Dozierende. Mit dem Hinweis auf die Möglichkeit einer Publikation kann bei den Studierenden zusätzliches Interesse geweckt werden. Eine Publikation stärkt auch das Selbstbewusstsein von Studierenden. Insgesamt kann die Beschäftigung damit, wie Erkenntnisse im eigenen Fach generiert und veröffentlicht werden, zur stärkeren Identifikation mit dem Studium führen. Gleichzeitig wird die Motivation zum eigenständigen wissenschaftlichen Arbeiten gefördert und das Engagement in Lehrveranstaltungen erhöht.

Entwicklung einer universitären Forschungskultur Die Unterstützung von studentischem Publizieren hat nicht nur für Studierende, sondern auch für die gesamte Hochschule positive Effekte. Es fördert eine Kultur der Forschung und des wissenschaftlichen Schreibens auf dem Campus und schärft das Bewusstsein für die Bedeutung von Forschung und Publikationen. Lehrforschungsseminare stellen dabei eine besonders gute Möglichkeit dar, Studierende schrittweise an die Durchführung und Publikation eigener Forschungsprojekte heranzuführen und Kompetenzen im wissenschaftlichen Arbeiten zu stärken. Solche anwendungsorientierten Lehrveranstaltungen bieten zudem eine ideale Ergänzung zu klassischen Vorlesungen und Seminaren und tragen so zur Verbesserung der Lehrqualität bei.

Beitrag zum wissenschaftlichen Fortschritt Weltbewegende Entdeckungen in der Wissenschaft benötigen – unabhängig von der Disziplin – Zeit und Ressourcen, über die Studierende naturgemäß nicht verfügen. Aber: Auch studentische Arbeiten haben das Potenzial, zum wissenschaftlichen Fortschritt beizutragen. Gute Haus- und Abschlussarbeiten identifizieren und bearbeiten eine eigene Forschungslücke. Diese ist zwar oft nur klein, stellt aber dennoch ein bisher nur unzureichend erforschtes Gebiet dar. Gerade wenn Studierende aktuelle Themen aufgreifen oder sich mit vermeintlichen Nebensächlichkeiten eines Themas beschäftigen, können ihre Arbeiten die erste wissenschaftliche Auseinandersetzung mit diesen Fragen sein. Wenn studentische Arbeiten in Aktenschränken verschwinden, können die gewonnenen Erkenntnisse weder von der Wissenschaft noch von anderen Studierenden genutzt werden. Selbst wenn eine publizierte Arbeit vor allem andere Studierende motiviert, sich mit einem Thema auseinanderzusetzen, leisten diese bereits einen eigenen Beitrag zum wissenschaftlichen Diskurs.

Frische Perspektiven auf wissenschaftliche Debatten Wir sind davon überzeugt, dass viele Studierende wissenschaftlich relevante Arbeiten verfassen. Die Veröffentlichung dieser Arbeiten ist nicht nur wichtig, um die Ergebnisse zu dokumentieren und bekannt zu machen. Studierende nähern sich wissenschaftlichen Fragestellungen unvoreingenommener und frei von den Zwängen bestimmter Denkschulen oder etablierter Deutungsmuster. Dadurch stellen sie bestehende Erkenntnisse und Argumente häufiger in Frage. Darüber hinaus bringen Studierende häufig neue Themen und Ideen aus ihrer eigenen Lebenswelt in den wissenschaftlichen Diskurs ein und können so auf bislang unbeachtete Aspekte aufmerksam machen und ihrer Perspektive Gehör verschaffen.

Dokumentation von Expertise & Alleinstellungsmerkmal bei Bewerbungen Mit einem Studienabschluss erhalten alle Studierenden ein Zeugnis und ein Transcript of Records, in dem die besuchten Lehrveranstaltungen aufgeführt sind. Absolvent:innen mit einer eigenen wissenschaftlichen Publikation heben sich positiv von ihren Mitbewerber:innen ab und demonstrieren sowohl Fachkenntnisse als auch technische Fähigkeiten. In vielen typischen Berufen für Sozialwissenschaftler:innen müssen Sachverhalte analysiert, Berichte geschrieben und klar argumentiert werden – all dies wird durch eine Publikation geübt. Eine studentische Publikation ist außerdem eine Zusatzleistung neben dem Studium und unterstreicht die Einsatzbereitschaft über die notwendigen Anforderungen hinaus. Auch während des Studiums kann sich eine Veröffentlichung auszahlen. Besonders bei Bewerbungen als studentische Hilfskraft an einem Lehrstuhl oder bei einem Forschungsprojekt demonstriert schon allein die Einreichung der Arbeit bei einer Zeitschrift – unabhängig vom Ausgang des Begutachtungsverfahrens – ein überdurchschnittliches Interesse an wissenschaftlicher Forschung.

Erster Schritt in der Wissenschaftskarriere Die erste studentische Publikation kann den Beginn einer Karriere in der Wissenschaft oder in wissenschaftlich arbeitenden Think Tanks und Stiftungen darstellen. Studierende erlangen ein besseres Verständnis für die Abläufe innerhalb der Wissenschaft und können sich ein besseres Bild vom wissenschaftlichen Arbeitsalltag verschaffen (auch wenn die Publikation von Ergebnissen hier natürlich nur einen Teil der Tätigkeit ausmacht). Die Anzahl der Publikationen ist bei der Besetzung von wissenschaftlichen Stellen außerdem ein wichtiges Kriterium und wer die eigene Publikationsliste schon im

Studium begonnen hat, ist nun im Vorteil. Im Idealfall hat man über die Publikation auch bereits einige Kontakte außerhalb der eigenen Universität geknüpft. In jedem Fall profitiert man vom bereits gesammelten Wissen, wenn die erste nicht-studentische Publikation ansteht. Auch kann die weitere thematische Vertiefung helfen, Ideen für die eigene Forschung zu entwickeln und beispielsweise ein passendes Thema für die Doktorarbeit zu finden.

Hineinschnuppern in andere Berufsfelder Studierende haben durch eine eigene Publikation die Chance, auch weitere Berufsfelder kennenzulernen. Hochschulbibliotheken haben z. B. ein breites Tätigkeitsfeld, dass über die bloße Bereitstellung von Büchern und Zeitschriften hinausgeht. Sie beraten Wissenschaftler:innen und Studierende bei der Umsetzung von Forschungsprojekten und treiben auch eigenständig Entwicklungen im Publikations- und Verlagswesen voran. Absolvent:innen der Sozialwissenschaften können später ebenfalls bei Wissenschaftsverlagen als Redakteur:innen oder im Lektorat arbeiten oder für Fachgesellschaften wissenschaftliche Konferenzen und Workshops organisieren. Außerdem ergeben sich hier Berührungspunkte mit Organisationen, die Drittmittel für Forschungsprojekte bereitstellen (z. B. Stiftungen, Ministerien oder Förderagenturen), sowie mit Bereichen wie Wissenschaftskommunikation und Technologietransfer.

Egal, ob eine wissenschaftliche oder eine nicht-wissenschaftliche Karriere angestrebt wird: Eine studentische Publikation lohnt sich. Durch die Überarbeitung der Hausarbeit und Einreichung bei einer Zeitschrift zur Begutachtung entwickeln Studierende vertiefte Kompetenzen im wissenschaftlichen Arbeiten. Selbst wenn die Arbeit zunächst abgelehnt wird, können sie aus dieser Erfahrung viele Vorteile für ihr Studium und ihre berufliche Entwicklung ziehen. Auch für Dozierende und Hochschulen kann die Förderung von studentischen Publikationen gewinnbringend sein. Dies kann nicht nur helfen, die Motivation der Studierenden und die Identifikation mit dem eigenen Fach zu stärken, sondern auch die Qualität der Lehre verbessern. Schließlich wäre es ein großer Verlust, wenn die Ergebnisse studentischer Forschung in Schreibtischschubladen und Aktenschränken verschwinden würden. Auch studentische Forschung kann einen Beitrag zum Erkenntnisfortschritt leisten und durch frische Perspektiven den wissenschaftlichen Diskurs bereichern.

2.3 Wo wird studentische Forschung publiziert?

Wer an wissenschaftliche Publikationen denkt, hat oft Bibliotheken mit Regalen voller schwerer Bücher vor Augen. Studierende denken wohl vor allem an Aufsätze oder Beiträge zu Sammelbänden, die von renommierten Wissenschaftler:innen verfasst wurden und die sie nun im Rahmen von Seminaren, Übungen oder anderen

Lehrveranstaltungen lesen müssen. Monografien, Sammelbände und Fachzeitschriften sind alles gängige Publikationsmedien für wissenschaftliche Ergebnisse – aber wo kann studentische Forschung veröffentlicht werden? Monografien sind oft das Ergebnis langjähriger Forschung (z. B. in Form einer Doktorarbeit). Auch wenn es vereinzelt Möglichkeiten gibt, exzellente Masterarbeiten als kurzes Buch zu veröffentlichen (z. B. in der *Springer VS*-Reihe *BestMasters*), scheiden sie meist als Publikationsmöglichkeit aus. Ähnlich verhält es sich mit Sammelbänden – hier muss man von den Herausgeber:innen eingeladen werden, um einen Beitrag zu schreiben. Zwar gibt es auch hier Ausnahmen, aber in der Regel werden hier etablierte Wissenschaftler:innen mit relevanter Expertise angefragt.

Im Gegensatz dazu bieten Fachzeitschriften kaum Barrieren für Studierende, die ihre Forschung veröffentlichen wollen. Bei fast allen Fachzeitschriften gibt es keine Beschränkungen, wer einen Beitrag einreichen kann. Nun ist es zugegebenermaßen unwahrscheinlich, dass Studierende ihren ersten Aufsatz sofort im *American Sociological Review*, *European Journal of Political Research* oder einer anderen international führenden Fachzeitschrift veröffentlichen – wir raten auch davon ab, es zu versuchen. Die hier erscheinenden Aufsätze sind oft das Ergebnis jahrelanger Recherchen, Datensammlungen, Analysen und Kooperationen zwischen Wissenschaftler:innen aus der ganzen Welt. Manuskripte, die nicht den höchsten Regeln der Kunst entsprechen und keine bedeutenden Ergebnisse vorweisen können, werden hier gar nicht in Betracht gezogen. Die gute Nachricht: Die Publikationslandschaft in den Sozialwissenschaften und verwandten Disziplinen bietet noch einiges mehr als die Handvoll an Zeitschriften, mit denen Studierende während des Studiums in Kontakt kommen!

Tatsächlich gibt es eine Vielzahl an Fachzeitschriften, die unterschiedliche Themen abdecken und sich an unterschiedliche Zielgruppen richten. Insbesondere gibt es Zeitschriften, die sich spezifisch an Studierende richten oder an Autor:innen, die zum ersten Mal eine wissenschaftliche Veröffentlichung angehen wollen. Große Zeitschriften bekommen deutlich mehr Manuskripte angeboten als sie veröffentlichen können und müssen daher die meisten Einreichungen ablehnen. Gleichzeitig fehlen hier die Zeit und Ressourcen, um alle Ablehnungen ausführlich zu begründen. Im Gegensatz dazu sind studentische Fachzeitschriften stärker daran interessiert, Studierenden bei der Veröffentlichung ihrer Arbeiten zu helfen und selbst bei einer Ablehnung hilfreiches Feedback zur Verfügung zu stellen.

In Tab. 2.1 haben wir eine Auswahl verschiedener studentischer Fachzeitschriften und Working Paper-Reihen zusammengestellt. Diese Auswahl ist bei weitem nicht vollständig und soll vor allem die unterschiedlichen Publikationsformate

Tab. 2.1 Auswahl studentischer Fachzeitschriften und Working Paper-Reihen

Name	Internetpräsenz
Eigenständige Zeitschriften und Working Paper-Reihen	
Anwesenheitsnotizen	anwesenheitsnotizen.wordpress.com/
DNGPS Working Paper	www.dngps.de/dngps-working-paper/
IAPSS Politikon	www.politikon.iapss.org/index.php/politikon
PolisReflects	www.polis180.org/highlights/polisreflects/
Soziologiemagazin	soziologieblog.hypotheses.org/publikationen
Young Journal of European Affairs (YJEA)	www.yjea.org
Beispiel einer Zeitschrift, die sich explizit an Erstautor:innen wendet	
Acta Politologica (AcPo)	https://acpo.fsv.cuni.cz/ACPONEN-1.html
Zeitschriften und Working Paper-Reihen mit institutioneller Anbindung	
Forsch! Universität Oldenburg	https://ojs.unioldenburg.de/journals/ojs1/ojs/index.php/forsch/index
DER SOZIUS – Zeitschrift für Soziologie und Ethnologie	https://www.soziologie.uni-konstanz.de/forschung/der-sozius/
IPW Working Paper Reihe Universität Bremen	www.uni-bremen.de/ipw/institut/ipw-working-paper-reihe
Political Science Undergraduate Review (PSUR)	www.journals.library.ualberta.ca/psur/index.php/psur

verdeutlichen. Diese unterscheiden sich zunächst darin, ob es sich um Zeitschriften und Working Paper-Reihen handelt, die mit einer bestimmten Hochschule oder einem Institut verbunden sind, oder unabhängig von einer Hochschule veröffentlicht werden. Zeitschriften ohne Anbindung sind darüber hinaus zum Teil an Organisationen gebunden. So wird beispielsweise *IAPSS Politikon* von der *International Association for Political Science Students* (IAPSS) herausgegeben, während die DNGPS Working Paper Reihe von der Deutschen Nachwuchsgesellschaft für Politik- und Sozialwissenschaften (DNGPS) betreut wird. Andere Zeitschriften (wie das *PolisReflects*) sind dagegen vollkommen unabhängig. Die Anbindung an bestimmte Institutionen und Organisationen kann Auswirkungen darauf haben, wer in den Fachzeitschriften publizieren darf. Bei der DNGPS ist die Mitgliedschaft in der Gesellschaft obligatorisch, um dort publizieren zu können. Bei Publikationen, die an bestimmte Hochschulen gebunden sind, kann es sein, dass nur Personen, die dort studieren, auch in der jeweiligen Zeitschrift publizieren dürfen.

Außerdem unterscheiden sich die Zeitschriften in ihrer thematischen Ausrichtung. In einigen der aufgeführten Publikationen werden nur Arbeiten veröffentlicht, die sich in einer Subdisziplin verorten lassen. So werden im *Young Journal of European Affairs* Papiere publiziert, die einen Bezug zur Europäischen Union haben, während der Fokus bei *PolisReflects* auf den internationalen Beziehungen liegt. Andere Zeitschriften und Working Paper-Reihen sind für Beiträge aus einer ganzen Disziplin zugänglich. Im *IAPSS Politikon* oder *Acta Politologica* können alle Papiere publiziert werden, die sich in der Politikwissenschaft verorten lassen. Noch breiter gefächert sind Fachzeitschriften, die sich für mehr als eine Disziplin öffnen. Bei der *DNGPS Working Paper Reihe* sind Einreichungen aus dem gesamten Spektrum der Sozialwissenschaften möglich. Damit unterscheiden sich diese Publikationsformate tatsächlich nur wenig von etablierten Fachzeitschriften (siehe Kap. 4 und 9). Die hier genannten Zeitschriften und ähnliche Formate zeichnen sich jedoch dadurch aus, dass sie für Studierende wesentlich leichter zugänglich sind als etablierte Fachzeitschriften und sogar darauf ausgelegt sind, in erster Linie studentische Forschung zu publizieren. Studentische Fachzeitschriften werden häufig von Studierenden geleitet und verstehen daher eher die besonderen Herausforderungen für Studierende, die ihre erste Arbeit publizieren möchten. Außerdem besitzen sie oftmals ebenso hochwertige Verfahren zur Qualitätssicherung (z. B. durch doppel-blinde Begutachtungsverfahren; siehe Kap. 4) und wissenschaftliche Beiräte, die die redaktionelle Arbeit unterstützen.

2.4 Zusammenfassung

Die Publikation wissenschaftlicher Ergebnisse ist ein wichtiger Bestandteil des Forschungsprozesses und notwendige Grundlage für den wissenschaftlichen Fortschritt. Wissenschaftler:innen stellen so nicht nur die Ergebnisse ihrer Forschung anderen zur Verfügung, sondern dokumentieren auch ihren eigenen Beitrag. Auch studentische Arbeiten enthalten oft neue wissenschaftliche Erkenntnisse – trotzdem verschwinden sie viel zu häufig in der Schreibtischschublade.

In diesem Kapitel haben wir dargestellt, warum sich eine studentische Publikation lohnt, egal ob eine wissenschaftliche Karriere angestrebt wird oder nicht. Eine eigene wissenschaftliche Publikation hat viele Vorteile für das das Studium und darüber hinaus. Publikationen machen sich nicht nur gut im Lebenslauf – sie erlauben es auch, Expertise aufzubauen, schaffen weitere Motivation für das Studium, eröffnen neue Perspektiven und tragen so zum wissenschaftlichen Fortschritt bei. In einem zweiten Schritt haben wir vorgestellt, wo studentische Forschung publiziert wird. Einige typische Publikationsarten wie Monografien und Sammelbände sind für Studierende tendenziell ungeeignet. Während es keine formalen Beschränkungen gibt, wer Beiträge bei führenden Fachzeitschriften einreichen darf, gibt es Fachzeitschriften, die sich explizit an Studierende und Erstautor:innen richten. Diese sind ein idealer Einstieg in die Welt der wissenschaftlichen Publikationen und passender Ort, um die Ergebnisse studentischer Forschung zu veröffentlichen. Allerdings können auch die besten Haus- und Abschlussarbeiten nicht ohne Überarbeitung bei einer Zeitschrift eingereicht werden. Bevor wir uns allerdings der Frage zuwenden, was nun wie und warum überarbeitet werden muss, erläutern wir im nächsten Kapitel die unterschiedlichen Zielsetzungen von studentischen Arbeiten und wissenschaftlichen Publikationen.

Übungsaufgaben
Aufgabe 1: Suchen Sie sich zwei studentische Fachzeitschriften aus der Tab. 2.1 aus und vergleichen Sie diese in Hinblick auf die folgenden Fragen:

• Was kann publiziert werden?
• Wer kann publizieren?
• Gibt es eine thematische Eingrenzung?
• Gibt es Informationen zum Begutachtungsprozess?
• Gibt es weitere Besonderheiten?

Aufgabe 2: Schauen Sie, ob es auch an Ihrer Universität vergleichbare Publikationsmöglichkeiten gibt. Falls Sie ein Format finden, beantworten Sie die Fragen aus Aufgabe 1 in Bezug auf das Format Ihrer Universität.

Weiterführende Literatur

Deutsche Forschungsgemeinschaft e. V. (2020). Wissenschaftliches Publizieren als Grundlage und Gestaltungsfeld der Wissenschaftsbewertung. Deutsche Forschungsgemeinschaft e. V. https://doi.org/10.5281/zenodo.6538163
• Die DFG ist in Deutschland die zentrale Organisation zur Förderung der Forschung. Der Beitrag stellt ausführlich die Gründe für wissenschaftliches Publizieren dar und diskutiert die damit verbundenen Herausforderungen und Rahmenbedingungen.
Rahn, F. J. (2021). Studentische Publikation als Übung. In O. M. Pawlak & F. J. Rahn (Hrsg.), *Ein transdisziplinäres Panoptikum: Aktuelle Forschungsbeiträge aus dem wissenschaftlichen Nachwuchs der Universität Bielefeld* (S. 121–128). Springer VS.
• Dieser Beitrag ist selbst das Ergebnis studentischer Forschung und reflektiert die Vor- und Nachteile für Studierende, eine eigene Publikation in Angriff zu nehmen.

Studentische Arbeiten und Wissenschaftliche Publikationen

In diesem Kapitel:

- Was sind die Zielsetzungen von studentischen Arbeiten im Vergleich zu wissenschaftlichen Publikationen?
- Welche Elemente wissenschaftlicher Arbeiten finden sich in studentischen Texten wieder und welche Elemente fehlen?
- In welchen anderen Aspekten unterscheiden sich studentische Arbeiten und wissenschaftliche Publikationen?

Haus- und Abschlussarbeiten sind wissenschaftliche Forschungsarbeiten – das heißt jedoch nicht, dass sie sich ohne weiteres zur Publikation in Fachzeitschriften und -verlagen eignen. Auch wenn es zwischen den Formaten einige Überschneidungen gibt, verfolgen sie unterschiedliche Zielsetzungen. Daher müssen sie sich zunächst an anderen Kriterien messen lassen als wissenschaftliche Publikationen. Manche Standardelemente typischer studentischer Arbeiten (z. B. ausführliche Begriffsdefinitionen) fehlen in wissenschaftlichen Aufsätzen, während andere Elemente oft schon vorhanden oder zumindest angelegt sind. Dieses Kapitel diskutiert die unterschiedlichen Ansprüche, die an studentische Arbeiten und wissenschaftliche Publikationen gestellt werden, und unterstreicht die Aspekte, die in Qualifikationsarbeiten meist schon wissenschaftliche Standards erreichen.

© Der/die Autor(en), exklusiv lizenziert an Springer Fachmedien Wiesbaden GmbH, ein Teil von Springer Nature 2024
P. Köker, M. Harmening, *Studentisches Publizieren in den Sozialwissenschaften*,
https://doi.org/10.1007/978-3-658-43169-3_3

3.1   Die Zielsetzungen von Qualifikationsarbeiten und wissenschaftlichen Publikationen

In diesem Buch betonen wir immer wieder, dass studentische Arbeiten spannende Erkenntnisse hervorbringen können, die sowohl wissenschaftlich als auch gesellschaftlich relevant sind. Doch die Zielsetzung und Motivation für Haus- und Abschlussarbeiten unterscheiden sich maßgeblich von wissenschaftlichen Publikationen. Die Tätigkeit von Wissenschaftler:innen ist normalerweise von einem übergeordneten Erkenntnisinteresse geprägt, d. h. ihre Arbeit ist darauf ausgerichtet, zu einem bestimmten Thema oder einer größeren Fragestellung neues Wissen zu generieren bzw. bestehendes Wissen zu überprüfen. Wie wir in Kap. 2 dargestellt haben, dienen wissenschaftliche Publikationen der Dokumentation dieses Prozesses und sind auch das Format, in dem andere Forschende auf neue Ergebnisse zugreifen. Gleichzeitig sind hochwertige Publikationen wichtig für die Reputation und Karriere in der Wissenschaft.

Studentische Arbeiten verfolgen eine andere Zielsetzung als wissenschaftliche Publikationen. Haus- und Abschlussarbeiten werden nicht umsonst als Qualifikationsarbeiten bezeichnet, denn sie sind in erster Linie dazu gedacht, dass Studierende ihre Kompetenzen in bestimmten Teilbereichen der wissenschaftlichen Ausbildung beweisen. Mit ihren Arbeiten zeigen sie Dozierenden und Prüfenden, dass sie die Veranstaltungsinhalte verstanden haben und selbstständig anwenden können. Zu Beginn des Studiums liegt der Fokus dabei meist auf grundsätzlichen Dingen, z. B. dem korrekten Zitieren und dem wissenschaftlichen Arbeiten oder der Identifikation einer relevanten Forschungsfrage. Im fortgeschrittenen Studium wird es zunehmend wichtiger, dass Studierende demonstrieren, dass sie die vorhandene Literatur systematisch aufgearbeitet haben, theoretische Annahmen und Hypothesen schlüssig herleiten können sowie bestimmte (quantitative oder qualitative) Methoden korrekt anwenden und die Ergebnisse interpretieren können. Studentische Arbeiten sind also nicht notwendigerweise darauf ausgelegt, neue Erkenntnisse zu produzieren – es kann sogar vorkommen, dass allen Studierenden einer Veranstaltung die gleiche Frage vorgegeben wird, um eine bessere Vergleichbarkeit bei der Bewertung zu schaffen.

Tatsächlich müssen auch Wissenschaftler:innen noch Arbeiten zur eigenen Qualifikation schreiben. Die Doktorarbeit ist streng genommen auch eine Qualifikationsarbeit, bei der die Fähigkeit zu selbstständiger vertiefter wissenschaftlicher Arbeit demonstriert wird. Allerdings muss diese Arbeit nicht nur deutlich höheren Ansprüchen genügen. Sie richtet sich auch an eine andere Zielgruppe. Dissertationen werden – genau wie wissenschaftliche Aufsätze und Bücher – primär von anderen Wissenschaftler:innen gelesen, die sich für das jeweilige Thema interessieren. Wer seinen Doktortitel führen möchte, muss die Doktorarbeit daher auch publizieren. Studentische

Qualifikationsarbeiten richten sich hingegen ausschließlich an Prüfende und werden immer im Kontext einer Lehrveranstaltung oder eines Studiengangs geschrieben, die dann wiederum die Bewertungsmaßstäbe vorgeben.

Trotz der Unterschiede in der übergeordneten Zielsetzung von Qualifikationsarbeiten und wissenschaftlichen Publikationen gibt es durchaus einige Überschneidungen in anderen Bereichen. Besonders in Abschlussarbeiten ist es beispielsweise relevant, dass Studierende auf Basis einer umfangreichen Literaturrecherche eine Forschungslücke identifizieren. Da Wissenschaftler:innen besonders interessiert daran sind, neues Wissen zu schaffen, ist das Aufgreifen einer Forschungslücke für sie natürlich ebenfalls relevant. Auch die Gliederung von Haus- und Abschlussarbeiten ist oft von der Struktur wissenschaftlicher Arbeiten nicht weit entfernt. Schließlich müssen sowohl Studierende als auch Wissenschaftler:innen wissenschaftliche Standards einhalten – sie müssen immer eindeutig darstellen, welche Teile das Ergebnis ihrer eigenständigen Arbeit sind und wo sie auf die Ideen, Argumente und/oder Formulierungen anderer zurückgegriffen haben. Plagiate sind dabei in der Wissenschaft nicht nur verpönt, sondern können auch abrupt die Karriere beenden.

In den nächsten Abschnitten gehen wir nun zunächst auf bedeutende Unterschiede in den Elementen einer typischen Haus- und Abschlussarbeit ein und stellen heraus, welche Elemente sich nicht (oder nur selten) in wissenschaftlichen Arbeiten finden und welche oft schon höheren Ansprüchen genügen. Dies bildet die Grundlage für eine weitere Diskussion über das Potenzial und den Aufwand der Überarbeitung einer bestehenden Arbeit zur Publikation in Kap. 6 und 7.

3.2 Die Bausteine von Qualifikationsarbeiten und wissenschaftlichen Publikationen

Empirisch-analytische Arbeiten in den Sozialwissenschaften und verwandten Disziplinen sind meist sehr ähnlich aufgebaut. In der Regel bestehen sie aus (1) einer Einleitung, (2) einem Forschungsstand bzw. Literaturüberblick, (3) einem Theorieteil, (4) einem methodischen Teil bzw. Forschungsdesign, (5) einer Analyse und einem Ergebnisteil sowie (6) der Zusammenfassung und einem Fazit. In verschiedenen Disziplinen oder Subdisziplinen kann es zwar vorkommen, dass die Kapitel eine leicht unterschiedliche Reihenfolge einnehmen oder teilweise miteinander verschmolzen sind, aber im Großen und Ganzen kommt eine empirische Arbeit mit eigener Analyse nur schwer um diese Kapitel herum. Dies gilt auch für eine wissenschaftliche Publikation in Form eines Aufsatzes. Die Grundstruktur eines Aufsatzes ist zwar sehr ähnlich zu einer Haus- oder Abschlussarbeit im Studium, doch es gibt einige Unterschiede im Inhalt und der Darstellungsweise der einzelnen Kapitel. Im Folgenden gehen wir auf die unterschiedlichen Bausteine wissenschaftlicher Arbeiten ein und weisen auf wichtige Unterschiede und Gemeinsamkeiten hin. Genauere Hinweise zum Inhalt der einzelnen Elemente und was bei ihrer Überarbeitung für die Publikation zu beachten ist, gibt es in Kap. 6.

Einleitung Die Einleitung erfüllt in Qualifikationsarbeiten und wissenschaftlichen Publikationen generell den gleichen Zweck: Sie grenzt das Thema ein, stellt die Forschungsfrage sowie ihre Relevanz dar und gibt einen Ausblick auf die restliche Arbeit (Vorgehensweise, Argumentation, Ergebnisse etc.). In den verschiedenen sozialwissenschaftlichen Disziplinen wird vor allem die Darstellung der Relevanz unterschiedlich gehandhabt und es werden entweder gesellschaftliche oder wissenschaftliche Aspekte in den Vordergrund gestellt. Hier empfiehlt es sich, auf die bestehende Literatur im Themenfeld zurückzugreifen und sich daran zu orientieren. Bei der Überarbeitung für die Publikation müssen Einleitungen daher selten grundlegend verändert werden und vieles kann übernommen werden. In Fachaufsätzen kommt vor der Einleitung jedoch meist noch einen Abstract hinzu – eine knappe Zusammenfassung des Aufsatzes in 150–250 Wörtern – den es so nur bei den wenigsten studentischen Arbeiten gibt (es sei denn, dieser wird von den Dozierenden explizit gefordert). Im Gegensatz dazu fehlt bei wissenschaftlichen Aufsätzen jegliche persönliche Begründung der Themenauswahl oder ein Rückbezug auf den Seminarkontext, wie er immer wieder in Hausarbeiten (gerade in den ersten Semestern) zu finden ist.

Forschungsstand In Qualifikationsarbeiten wie auch in wissenschaftlichen Aufsätzen wird der Forschungsstand zum Thema der Arbeit aufgearbeitet. Durch die unterschiedlichen Ziele (und Zielgruppen) ergeben sich hier allerdings einige wichtige Unterschiede. Wenn Wissenschaftler:innen einen Aufsatz lesen, dann kennen sie den Forschungsstand oftmals bereits sehr gut. Sie gehen außerdem davon aus, dass auch der oder die Autor:in des Aufsatzes mit der Literatur vertraut ist. Viele Aspekte werden daher kurz gehalten und die Darstellung beschränkt sich auf wesentliche Argumente und Befunde – neben einigen Klassikern wird insbesondere aktuelle Forschung diskutiert. Insgesamt werden vor allem die Quellen zitiert, die auch für den weiteren Inhalt der Arbeit relevant sind. Studierende müssen hingegen noch beweisen, dass sie sich eigenständig mit der bestehenden Forschung auseinandergesetzt haben. Hier liegt der Fokus daher oft auf der korrekten Wiedergabe einflussreicher Bücher und Aufsätze oder größerer wissenschaftlicher Debatten in eigenen Worten. Genauso enthält der Literaturüberblick auch Quellen, die für die Arbeit nur mittelbar relevant sind. Es wäre jedoch falsch anzunehmen, dass die Literaturarbeit in einer Hausarbeit nicht für eine spätere studentische Publikation genutzt werden kann. Insbesondere in (guten) Abschlussarbeiten ist in der Regel die Literatur detaillierter aufbereitet, als dies in vielen wissenschaftlichen Publikation der Fall ist.

Theorien und Konzepte Je nach Thema, Herangehensweise und Disziplin kann es bei der Gestaltung des Theoriekapitels sehr große Variation geben. Dies ist ganz unabhängig davon, ob es sich um eine wissenschaftliche Veröffentlichung oder eine Haus- oder Abschlussarbeit handelt. Viele studentische Arbeiten haben jedoch gemeinsam, dass das Theorie- und Konzeptkapitel stärker vom Forschungsstand getrennt ist. In wissenschaftlichen Aufsätzen sind der theoretische oder konzeptionelle Rahmen deutlich enger mit der Diskussion der Literatur verzahnt. Je nach Ausrichtung der Arbeit oder Disziplin gibt es noch nicht einmal separate Kapitel und die Abschnitte gehen fließend ineinander über. Ein weiterer allgemeiner Unterschied liegt in dem Umgang mit Konzepten. In Qualifikationsarbeiten ist es wichtig zu demonstrieren, dass bestimmte Begriffe reflektiert benutzt werden und dass sich Studierende intensiv mit ihrer Bedeutung auseinandergesetzt haben. Die Folge können ganze Kapitel zu Begriffsdefinitionen sein. In Aufsätzen fehlt hier häufig der Platz, um jedes Konzept einzeln zu diskutieren. Dennoch werden auch hier Begriffe nicht unreflektiert verwendet. Unabhängig davon genügen viele Elemente eines Theoriemodells in einer studentischen Arbeit oft schon höheren wissenschaftlichen Standards; insbesondere Hypothesen können bei der Überarbeitung häufig analog übernommen werden.

Forschungsdesign Bei empirisch-analytischer Forschung gibt es bei der Darstellung des Forschungsdesigns wohl die größten inhaltlichen Übereinstimmungen zwischen wissenschaftlichen Publikationen und studentischen Qualifikationsarbeiten. In beiden Fällen muss von den Autor:innen dargelegt werden, welche Fälle der Analyse zugrunde liegen, welche Daten und Methoden verwendet werden und warum diese für die Beantwortung der Forschungsfrage geeignet sind. In Qualifikationsarbeiten wird von Studierenden an dieser Stelle häufig ein Abwägungsprozess gefordert, in dem unterschiedliche Optionen detailliert erläutert werden. Dabei werden Methoden oder auch Indikatoren (wie z. B. verschiedene Indizes) im Detail erklärt und diskutiert. In wissenschaftlichen Aufsätzen geschieht dies in der Regel nicht. Wissenschaftler:innen sind sich in der Regel größerer methodischer Probleme bewusst (z. B. eingeschränkte Generalisierbarkeit der Ergebnisse von Einzelfallstudien) und stellen daher meist eher die Originalität ihres Datensatzes oder ihrer Methode heraus. Letzteres sind Aspekte, die normalerweise keine Kriterien für die Bewertung studentischer Qualifikationsarbeiten darstellen.

Analyse und Ergebnisse In diesem Teil wissenschaftlicher Arbeit gibt es – je nach Forschungsdesign – wieder größere Variation und es ist schwierig, allgemeingültige Aussagen zu treffen. Dennoch sind Analysen und ihre Ergebnisse oft ein Baustein, in dem sich Qualifikationsarbeiten und Fachaufsätze ähneln und so später weniger überarbeitet werden müssen. Dabei sollte jedoch auf fachspezifische Unterschiede geachtet werden. In Hausarbeiten kann es legitim sein, die Ergebnisse zunächst zu beschreiben, um zu zeigen, dass die Methode verstanden wurde und die Interpretation später folgen zu lassen. In wissenschaftlichen Aufsätzen werden Ergebnisse jedoch häufig bereits bei der Beschreibung interpretiert und in Bezug zur Theorie und der weiteren Literatur gesetzt. Außerdem werden ausschließlich die Analyseschritte umgesetzt, die zuvor im Forschungsdesign beschrieben wurden. Darüber hinaus muss der empirische Kern der Analyse (inklusive Abbildungen, Tabellen, etc.) bei der Überarbeitung nur selten grundlegend verändert werden. Wenn Studierende in der Hausarbeit also mühevoll Daten ausgewertet oder sogar selbst erhoben haben, zahlt sich diese Arbeit nun ein zweites Mal aus.

Diskussion und Fazit In wissenschaftlichen Veröffentlichungen sowie in Haus- und Abschlussarbeiten können Diskussion und Schlussfolgerung sowohl in getrennten Kapiteln als auch in einem einzigen Abschnitt zusammengefasst werden. Die Formate unterscheiden sich jedoch darin, dass studentische Arbeiten häufig mit einer (nochmaligen) ausführlichen Zusammenfassung des Vorgehens und der Ergebnisse beginnen. Gerade bei längeren Arbeiten ist dies natürlich legitim und teilweise auch notwendig, um den roten Faden beizubehalten. Wissenschaftliche Publikationen halten diesen Teil jedoch meist sehr kurz und konzentrieren sich auf die Konsequenzen ihrer Ergebnisse für die weitere Forschung. In studentischen Arbeiten findet sich an dieser Stelle häufig eine kritische Reflexion des Forschungsprozesses und der eigenen Leistung. Auch wenn Wissenschaftler:innen meist explizit auf die Einschränkungen ihrer Ergebnisse verweisen, versuchen sie eher die Relevanz der Ergebnisse in den Vordergrund zu rücken.

Formalia Bei Haus- und Abschlussarbeiten wird die Länge durch die jeweilige Prüfungsordnung vorgegeben und unterscheidet sich je nach Fachsemester und Studiengang. Bei wissenschaftlichen Publikationen ergibt sich der Umfang einer Arbeit aus den Vorgaben der jeweiligen Zeitschrift bzw. des Verlags. Aufsätze haben in der Regel eine Länge von 5000–10.000 Wörtern – inklusive des Literaturverzeichnisses. Dies ist länger als die meisten Hausarbeiten (insbesondere im Bachelor) und kürzer als die meisten Abschlussarbeiten. Daher ist der Gesamtumfang der Arbeit ein weiterer Aspekt, in dem sich Qualifikationsarbeiten von wissenschaftlichen Publikationen unterscheiden. Vor einer Einreichung ist es essenziell, die formalen Kriterien der Fachzeitschrift zu prüfen, um eine Ablehnung aufgrund formaler Fehler zu vermeiden. Die Notwendigkeit den eigenen Text zu kürzen, ist schließlich auch eine der größten Herausforderungen bei der Überarbeitung einer Haus- oder Abschlussarbeit für eine wissenschaftliche Publikation.

3.3   Zusammenfassung

Haus- und Abschlussarbeiten sind wissenschaftliche Forschungsarbeiten. Allerdings haben studentische Qualifikationsarbeiten andere Zielsetzungen und ein anderes Publikum als wissenschaftliche Veröffentlichungen. Studierende müssen in erster Linie ihre im Studium gewonnenen Kompetenzen unter Beweis stellen und schreiben für ihre Dozierenden. Wissenschaftler:innen publizieren hingegen, um ihre wissenschaftlichen Erkenntnisse mit Forschenden in der ganzen Welt zu teilen. Diese Unterschiede spiegeln sich auch im jeweiligen Inhalt und Aufbau der Texte wider. Während die allgemeine Gliederung ähnlich ist, liegen die Unterschiede im Detail bzw. in den einzelnen Kapiteln und bestimmen, wie viel Überarbeitung notwendig ist, bevor eine Haus- oder Abschlussarbeit publiziert werden kann.

Die gute Nachricht: Eine gute Qualifikationsarbeit bietet oft schon eine solide Grundlage für eine spätere Publikation. Wie wir in Teil II des Buches zeigen, bezieht sich ein Großteil der notwendigen Änderungen auf den bereits geschriebenen Text. Die meisten Studierenden haben wahrscheinlich im Laufe ihres Studiums festgestellt, dass der Schreibprozess nicht den größten Teil der Arbeit ausmacht. Die Entwicklung einer Fragestellung, die Literaturrecherche, die Theoriebildung sowie die Datenerhebung und -auswertung nehmen oft einen weitaus größeren Teil der Arbeitszeit in Anspruch. Bevor wir genauer auf die Überarbeitung einer Qualifikationsarbeit eingehen, wenden wir uns im nächsten Kapitel noch dem wissenschaftlichen Publikationsprozess zu und erläutern, was Studierende bei ihrer ersten Publikation erwartet.

Übungsaufgaben
Aufgabe 1: Wählen Sie eine Haus- oder Abschlussarbeit aus, die Sie im Studium verfasst haben. Suchen Sie außerdem einen Aufsatz, der in einer wissenschaftlichen Fachzeitschrift publiziert wurde und sich mit einer ähnlichen Forschungsfrage befasst. Vergleichen Sie die beiden Arbeiten anhand der folgenden Fragen:
Formalia:

- Wie lang sind beiden Arbeiten?
- Wie viele Abbildungen und Tabellen gibt es?
- Wie viele Quellen enthält das Literaturverzeichnis

Inhalte:

- Inwiefern treffen die in Abschn. 3.2 dargestellten Unterschiede und Gemeinsamkeiten auf die vorliegenden Arbeiten zu?
- Welche weiteren Unterschiede fallen Ihnen auf? Welche sonstige Gemeinsamkeiten gibt es?

Tab. 3.1 Vergleich von Haus- und Abschlussarbeiten und Fachaufsätzen

Typische Elemente einer empirisch-analytischen Arbeit	Eigene Haus- oder Abschlussarbeit	Fachaufsatz
Einleitung		
Forschungsstand		
Theorien und Konzepte		
Forschungsdesign, Daten und Methoden		
Analyse und Ergebnisse		
Fazit und Diskussion		

Aufgabe 2: Ein empirisch-analytischer Fachaufsatz setzt sich meist aus denselben Elementen zusammen: (1) einer Einleitung, (2) einem Forschungsstand bzw. Literaturüberblick, (3) einem Theorieteil, (4) einem methodischen Teil bzw. Forschungsdesign, (5) einer Analyse und Ergebnisteil sowie (6) der Zusammenfassung und einem Fazit. Die Kapitel einer Arbeit tragen aber nicht unbedingt auch diese Überschriften oder sind unterschiedlich stark miteinander verschmolzen. Sie können sogar in leicht unterschiedlicher Reihenfolge auftauchen. Nutzen Sie die Tab. 3.1, um die Kapitel in ihrer Haus- oder Abschlussarbeit und dem Fachaufsatz aus Aufgabe 1 den Standardelementen zuzuordnen. Beachten Sie dabei, dass auch mehrere Kapitel einem Element zugeordnet werden können oder ein Kapitel mehrere Elemente abdeckt.

3.4   Weiterführende Literatur

Ascheron, C. (2019). *Wissenschaftliches Publizieren und Präsentieren: Ein Praxisleitfaden mit Hinweisen zur Promotion und Karriereplanung.* Springer.
- Dieses Buch richtet sich in erster Linie an Wissenschaftler:innen in fortgeschrittenen Karrierephasen, enthält aber auch viel Wissenswertes für Studierende. Im Kontext dieses Kapitel ist insbesondere das Kapitel „Kultur und Ethik des wissenschaftlichen Publizierens" interessant.
Mannewitz, T. (2020). *Das erste Forschungsprojekt: Karte und Kompass für junge Politik-und SozialwissenschaftlerInnen.* Nomos.
- Dieses Buch bietet eine umfassende Einführung in die Konzeption und Durchführung empirischer Forschungsprojekte in den Politik- und Sozialwissenschaften. Dabei geht der Autor auch spezifisch auf den Erwartungshorizont für studentische Arbeiten in unterschiedlichen Semestern ein.

Der wissenschaftliche Publikationsprozess

4

In diesem Kapitel:

- Was zeichnet wissenschaftliche Publikationen aus?
- Welche Rolle spielen Herausgeber:innen, Gutachter:innen und Verlage?
- Wie funktioniert der wissenschaftliche Begutachtungsprozess?
- Wie erkennt man unseriöse Zeitschriften und Raubverlage?

Während des Studiums wird von Studierenden erwartet, dass sie für ihre Arbeiten wissenschaftliche Quellen nutzen. Im ersten Semester stehen daher oft eine Bibliotheksführung und eine Einführung in die Nutzung wissenschaftlicher Datenbanken auf dem Lehrplan. Doch was macht eine Quelle eigentlich wissenschaftlich? Warum eignen sich manche Publikationen nicht als Quellen für wissenschaftliche Arbeiten – auch wenn sie das gleiche Thema behandeln? In diesem Kapitel widmen wir uns diesen Fragen und erläutern den wissenschaftlichen Publikationsprozess sowie das Begutachtungsverfahren, das diesen so besonders macht. Dabei gehen wir insbesondere auf die unterschiedlichen Rollen von Herausgeber:innen, Gutachter:innen, Verlagen und Fachgesellschaften ein und erläutern die Prinzipien von Open Access. Abschließend zeigen wir die Gefahren von Raub- und Pseudoverlagen auf und erklären, wie Studierende seriöse von unseriösen Angeboten unterscheiden können.

© Der/die Autor(en), exklusiv lizenziert an Springer Fachmedien Wiesbaden GmbH, ein Teil von Springer Nature 2024
P. Köker, M. Harmening, *Studentisches Publizieren in den Sozialwissenschaften*,
https://doi.org/10.1007/978-3-658-43169-3_4

4.1   Der Publikationsprozess: Schritt für Schritt

Was macht eine Veröffentlichung *wissenschaftlich*? Nicht jede Publikation, die sich mit wissenschaftlichen Themen befasst, ist auch wissenschaftlich. So schreiben zum Beispiel Journalist:innen und freie Autor:innen oft Bücher und Artikel, in denen sie sich mit neuesten wissenschaftlichen Entwicklungen beschäftigen oder andere Themen aufgreifen (z. B. Armut in Deutschland, politischer Islam oder die Reisen Alexander von Humboldts), die auch in der Wissenschaft diskutiert werden. Ebenso ist nicht alles, was von Wissenschaftler:innen geschrieben und veröffentlicht wird, eine wissenschaftliche Publikation: der Gastbeitrag einer Politikwissenschaftlerin in einer Tageszeitung zu den Ergebnissen der letzten Wahl ist ebenso wenig eine wissenschaftliche Publikation wie die Rezensionen von Zombiefilmen, die ein Soziologe auf seinem Blog veröffentlicht (auch wenn er dabei soziale Gruppendynamiken analysiert). Diese Veröffentlichungen haben gemeinsam haben, dass sie sich nicht primär an andere Wissenschaftler:innen richten, sondern an interessierte Leser:innen in der breiten Bevölkerung. Auch werden die Quellen nicht immer vollständig angegeben, was natürlich den Grundsätzen wissenschaftlichen Arbeitens widerspricht. Es gibt aber noch einen weiteren Punkt, in dem sich diese Veröffentlichungen von wissenschaftlichen Publikationen unterscheiden: Sie haben kein unabhängiges Begutachtungsverfahren durchlaufen.

Das Begutachtungsverfahren – auch *Peer Review* genannt – ist die Qualitätskontrolle der Wissenschaft. Es soll sicherstellen, dass Ergebnisse erst dann veröffentlicht werden, wenn andere Wissenschaftler:innen überprüft haben, ob diese nachvollziehbar zustande gekommen sind und korrekt interpretiert wurden. Genauso soll der Begutachtungsprozess verhindern, dass Autor:innen wichtige Quellen oder Implikationen ihrer Forschung übersehen. Im Idealfall führt die Begutachtung nicht nur zu einer Verbesserung des Manuskripts, sondern hilft auch allen Beteiligten, ihr Wissen über das jeweilige Thema zu erweitern. Der letzte Punkt ist bei studentischen Fachzeitschriften und Working Paper-Reihen besonders wichtig. Hier bekommen Studierende durch den Begutachtungsprozess zusätzliches Feedback zu ihren Arbeiten, aber auch Gutachter:innen können neue Perspektiven erhalten und sehen welche neuen Einblicke studentische Forschung hervorbringt.

Abb. 4.1 zeigt den Ablauf eines typischen Publikations- und Begutachtungsprozesses bei einer wissenschaftlichen Fachzeitschrift. Der erste Schritt ist die Einreichung eines Manuskripts durch die Autor:innen (in Kap. 9 geben wir hier detaillierte Hinweise, worauf hierbei zu achten ist). Dies geschieht in der Regel über ein

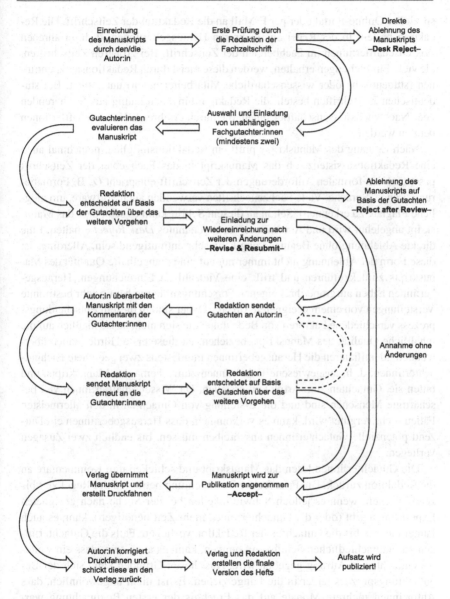

Abb. 4.1 Der wissenschaftliche Publikationsprozess. (Quelle: eigene Darstellung)

spezielles Online-Portal oder per E-Mail an die Redaktion der Zeitschrift. Die Redaktion besteht in der Regel aus mehreren Herausgeber:innen, d. h. erfahrenen Wissenschaftler:innen im Fachbereich der Zeitschrift. Bei größeren Zeitschriften, die viele Einreichungen erhalten, werden diese meist durch Redaktionsassistent:innen (studentische oder wissenschaftliche Mitarbeiter:innen) unterstützt. Bei studentischen Zeitschriften besteht die Redaktion hingegen häufig aus Studierenden oder Nachwuchswissenschaftler:innen, die durch erfahrene Wissenschaftler:innen beraten werden.

Nach Eingang des Manuskripts prüft ein Redaktionsmitglied, manchmal auch eine Redaktionsassistenz, ob das Manuskript in das Fachgebiet der Zeitschrift passt und den formalen Anforderungen der Zeitschrift entspricht (z. B. Formatierung, Länge, Sprache. Viele Fachzeitschriften verwenden auch Software, um mögliche Plagiate zu erkennen). Schon an diesem Schritt kann es sein, dass das Manuskript abgelehnt wird und Autor:innen ein sogenanntes *Desk Reject* erhalten. Eine direkte Ablehnung ohne Begutachtung kann sehr entmutigend sein. Allerdings ist diese Form der Ablehnung nicht immer nur auf eine mangelhafte Qualität des Manuskripts zurückzuführen und trifft eine Vielzahl an Einreichungen. Herausgeber:innen haben aufgrund ihrer eigenen Forschungsprägung häufig sehr bestimmte Vorstellungen von einem geeigneten Aufsatz. Daher sind in diesem Entscheidungsprozess verschiedene Faktoren von Bedeutung, die sich nicht ausschließlich auf die inhaltliche Qualität des Manuskripts beziehen. Ist diese erste Hürde jedoch überwunden, identifizieren die Herausgeber:innen mindestens zwei geeignete Fachgutachter:innen, d. h. ausgewiesene Expert:innen zum Thema des Manuskripts, und bitten sie, Gutachten zum Artikel zu erstellen. Da Wissenschaftler:innen viel beschäftigte Menschen sind und die Erstellung von Gutachten in den allermeisten Fällen nicht vergütet wird, kann es vorkommen, dass Herausgeber:innen ein Dutzend potenzielle Gutachter:innen anschreiben müssen, bis endlich zwei Zusagen vorliegen.

Die Gutachter:innen lesen das Manuskript und schicken ihre Kommentare an die Redaktion zurück. Die Frist für die Begutachtung beträgt in der Regel vier bis zehn Wochen, wenn es jedoch Schwierigkeiten bei der Suche nach geeigneten Expert:innen gibt (oder die Gutachter:innen mehr Zeit benötigen), kann es auch länger dauern, bis die Gutachten der Redaktion vorliegen. Falls die Gutachter:innen zu unterschiedlichen Schlüssen kommen, kann es auch sein, dass ein weiteres Gutachten in Auftrag gegeben wird. Aus diesen Gründen kann sich der Begutachtungsprozess leider in die Länge ziehen. Es ist nicht ungewöhnlich, dass Autor:innen mehrere Monate auf das Ergebnis der ersten Begutachtung warten müssen.

Sobald alle Gutachten vorliegen, entscheidet die Redaktion über das weitere Vorgehen. Hier gibt es generell drei Möglichkeiten:

1. Ablehnung des Manuskripts (*Reject*),
2. Annahme des Manuskripts zur Publikation ohne Auflagen (*Accept*),
3. Einladung zur Wiedereinreichung des Manuskripts vorbehaltlich weiterer Änderungen (*Revise & Resubmit*).

Die erste Option ist leider die häufigste im Wissenschaftsbetrieb – die meisten Fachzeitschriften veröffentlichen weniger als die Hälfte der eingereichten Manuskripte; bekannte Zeitschriften sogar noch weniger. Die Redaktion schickt Autor:innen in diesem Fall jedoch die Gutachten sowie eine Begründung der Ablehnung. Die zweite Option ist hingegen äußerst ungewöhnlich – kaum ein Manuskript ist in seiner ersten Version schon so gut ausgearbeitet, dass gar keine Änderungen mehr notwendig sind. Sollten die Gutachter:innen und Redaktion trotz einiger Kritikpunkte vom Manuskript überzeugt sein, wird es zur Überarbeitung an die Autor:innen zurückgeschickt. Das Ausmaß der notwendigen Überarbeitungen richtet sich nach den Gutachten und reicht von kleineren Ergänzungen und Erklärungen (*Minor Revisions*) bis hin zu einer grundlegenden Überarbeitung (*Major Revisions*), die möglicherweise noch weitere Datenerhebung und -analyse erfordert. Studierende sollten sich von kritischen Kommentaren an dieser Stelle nicht entmutigen lassen, sondern sie als Chance sehen, ihre Arbeit noch weiter zu verbessern (siehe auch Kap. 9). Zudem ist es so, dass führende Fachzeitschriften Manuskripte oft ablehnen, wenn Gutachter:innen *Major Revisions* empfehlen. Im Gegensatz dazu geben studentische Zeitschriften auch diesen Manuskripten eine Chance und investieren mehr Zeit und Energie in die Betreuung der Überarbeitung.

Die Autor:innen schicken das überarbeitete Manuskript zusammen mit einem Antwortschreiben (*Response Letter*) wieder an die Redaktion, die es daraufhin an die Gutachter:innen weiterleitet. In dem Antwortschreiben gehen die Autor:innen auf die Kommentare aus den Gutachten ein und dokumentieren, wie diese bei der Überarbeitung umgesetzt wurden (siehe Kap. 9). Sind die Änderungen zur vollen Zufriedenheit von Gutachter:innen und Redaktion, wird das Manuskript zur Veröffentlichung angenommen und an den Verlag weitergeleitet. Nicht selten sind weitere Überarbeitungen notwendig – in diesem Fall beginnt der Review-Prozess von vorne (auch in diesem Stadium kann das Manuskript übrigens noch abgelehnt werden, was aber selten vorkommt).

Der Verlag und die Redaktion erstellen auf Basis des Manuskripts zunächst die Druckfahnen, d. h. alles wird so formatiert, wie es später in der Zeitschrift erscheinen soll, und schickt diese zur Korrektur an die Autor:innen (meist verbunden mit kleineren Nachfragen, z. B. zur korrekten Schreibweise von Namen oder Angaben im Literaturverzeichnis). Sobald die von den Autor:innen korrigierte Version vorliegt, erstellen Verlag und Redaktion die finale Version des Aufsatzes. Während studentische Fachzeitschriften nahezu ausschließlich online erscheinen, gibt es bei etablierten Fachzeitschriften zusätzlich eine gedruckte Ausgabe. Zwischen der Annahme des Aufsatzes und der Veröffentlichung in der Printversion können allerding mehrere Monate (manchmal sogar über ein Jahr) vergehen.

4.2 Modelle wissenschaftlicher Begutachtungsverfahren

Das Begutachtungsverfahren ist ein Kernelement der wissenschaftlichen Qualitätskontrolle. Allerdings gibt es hier verschiedene Varianten, von denen Fachzeitschriften jeweils eine verwenden. In den meisten Fällen nutzen Zeitschriften ein sogenanntes doppelblindes Begutachtungsverfahren (*Double-Blind Peer Review*), d. h. die Gutachter:innen wissen nicht, wer die Autor:innen sind und die Autor:innen wissen nicht, wer ihr Manuskript begutachtet. Gerade in kleinen Forschungsfeldern kann es manchmal vorkommen, dass Gutachter:innen ahnen, wessen Manuskript vor ihnen liegt. Auch Autor:innen spekulieren häufig, wer wohl ihr Manuskript begutachtet hat. Da die Identität der Beteiligten jedoch nur der Redaktion bekannt ist, werden Konflikte innerhalb der Wissenschaftsgemeinschaft vermieden und eine unabhängige Qualitätskontrolle sichergestellt.

Neben dem *Double-Blind Peer Review* gibt es jedoch noch weitere Begutachtungsverfahren (Tab. 4.1). Beim *Single-Blind Peer Review* bleibt die Identität der Gutachter:innen nur den Autor:innen verborgen. Dies erlaubt den Gutachter:innen zwar, das Manuskript im Kontext der weiteren Forschung der Autor:innen zu sehen, benachteiligt aber oft Erstautor:innen und begünstigt bekannte Wissenschaftler:innen. Beim Open Peer Review-Verfahren, das vor allem in den Naturwissenschaften

Tab. 4.1 Modelle wissenschaftlicher Begutachtungsverfahren

	Open Peer Review	Single-Blind Peer Review	Double-Blind Peer Review	Triple-Blind Peer Review
Autor:in weiß, wer Gutachter:in ist	✓	✗	✗	✗
Gutachter:in weiß, wer Autor:in ist	✓	✓	✗	✗
Redaktion weiß, wer Autor:in ist	✓	✓	✓	✗

Verwendung findet, kennen alle Beteiligten die Identität der anderen. Die Offenheit soll zu einer konstruktiveren Auseinandersetzung mit dem Manuskript führen, kann aber auch kritische Kommentare verhindern. Schließlich soll beim *Triple-Blind Peer Review* ausgeschlossen werden, dass Herausgeber:innen Manuskripte aus nicht-wissenschaftlichen Gründen ablehnen. Durch einen weiteren Anonymisierungsschritt im Online-System wissen auch die Herausgeber:innen nicht, von wem das Manuskript stammt und können sich unvoreingenommen mit dem Inhalt auseinandersetzen. Bei einigen Zeitschriften werden Einreichungen allein von der Redaktion begutachtet *(Editorial Review)*. Dies ist kein Peer Review-Verfahren im klassischen Sinne, denn Herausgeber:innen besitzen hier meist eher allgemeine als spezifische Expertise. Eine rein redaktionelle Begutachtung findet sich in den Sozialwissenschaften nur noch bei wenigen Zeitschriften.

4.3   Wer steht hinter einer Fachzeitschrift?

Fachzeitschriften sind inzwischen das wichtigste Medium zur Kommunikation neuer Forschungsergebnisse in vielen Bereichen der Sozialwissenschaften. Aber wer betreibt diese Zeitschriften eigentlich und wer wählt die Redaktion aus? Viele etablierte Fachzeitschriften in den Sozialwissenschaften werden von Fachgesellschaften und ihren Untergliederungen ins Leben gerufen. So ist die *Politische Vierteljahresschrift (PVS)* die offizielle Zeitschrift der *Deutschen Vereinigung für Politikwissenschaft* (DVPW). Analog erscheint die Zeitschrift *Soziologie* im Auftrag der *Deutschen Gesellschaft für Soziologie* (DGS). Auch international sind viele Fachzeitschriften an Fachgesellschaften gebunden: Die *American Political Science Association* (APSA) und die britische *Political Studies Association* (PSA) betreiben jeweils vier Zeitschriften mit unterschiedlichen Schwerpunktsetzungen, die *American Sociological Association* (ASA) sogar dreizehn. Ebenso werden auch studentische Zeitschriften und Working Paper-Reihen von Vereinigungen herausgegeben, z. B. die Working Paper-Reihe der *Deutschen Nachwuchsgesellschaft für Politik- und Sozialwissenschaften* (DNGPS) oder *IAPSS Politikon* der *International Association of Political Science Students* (IAPSS). Hochschulen und einzelne Institute können aber ebenfalls Zeitschriften initiieren. Die *Zeitschrift für Soziologie* (ZfS) erscheint im Auftrag des Instituts für Soziologie der Universität Bielefeld; *Acta Politologica* (AcPo) ist die Zeitschrift des Instituts für Politische Studien der Karls-Universität Prag.

Die Fachgesellschaften und Institute wählen die Redaktionsmitglieder der Zeitschriften aus und ernennen sie für eine bestimmte Amtsperiode (oft drei bis fünf Jahre). Meist stellen sie auch administrative und finanzielle Unterstützung zur Verfügung. Bei Herausgeber:innen handelt es sich meist um etablierte Wissenschaftler:innen in ihrem Feld. Sie erledigen die Redaktionsarbeit neben ihrer normalen Tätigkeit und bekommen dafür, wenn überhaupt, nur eine geringe Aufwandsentschädigung. Zusätzlich zu den Fachzeitschriften von Gesellschaften und Instituten gibt es auch solche, die nicht an wissenschaftliche Organisation gebunden sind (z. B. *SpringerNature Social Sciences*, SNSS). Hier werden Verlagsangestellte mit entsprechender wissenschaftlicher Qualifikation als Herausgeber:innen eingesetzt und koordinieren große Teams von Wissenschaftler:innen aus aller Welt, die als Mitherausgeber:innen fungieren und den Peer Review-Prozess organisieren.

Mit wenigen Ausnahmen werden Fachzeitschriften von Wissenschaftsverlagen publiziert. Die Verlage sind Vermittler zwischen Redaktion, Bibliotheken und Leser:innen. Sie stellen Plattformen für die Einreichung und Begutachtung von Manuskripten zur Verfügung, kümmern sich aber auch um den Vertrieb, den Druck und die Auslieferung der Zeitschriften an Bibliotheken sowie um die dauerhafte (digitale) Verfügbarkeit der Artikel. Einige Verlage haben sich auf Publikationen in einem bestimmten Fachgebiet spezialisiert, andere decken mit ihrem Programm die gesamte Breite der Wissenschaft ab.

Die monopolähnliche Rolle, die insbesondere große Wissenschaftsverlage einnehmen, ist nicht unumstritten. Autor:innen sind oft an öffentlich finanzierten Hochschulen tätig, dieselben Hochschulen müssen aber wiederum für den Zugriff auf die Aufsätze ihrer eigenen Wissenschaftler:innen bezahlen. Zudem erhalten Autor:innen trotz teilweise enormer Gewinne der Verlage nur in den seltensten Fällen ein Honorar für ihre Aufsätze (ganz zu schweigen von den Gutachter:innen, die ihre Arbeit ebenfalls unentgeltlich verrichten). Als Reaktion darauf haben sich zahlreiche deutsche Hochschulen und Forschungseinrichtungen im Jahr 2014 zum sogenannten DEAL-Konsortium (www.deal-konsortium.de/) zusammengeschlossen, um mit den größten Wissenschaftsverlagen bessere Verträge zu verhandeln. Genauso haben sich in den letzten Jahren immer mehr verlagsunabhängige Zeitschriften etabliert, deren Kosten von Universitäten, Forschungseinrichtungen oder Organisationen wie der Deutschen Forschungsgemeinschaft (DFG) übernommen werden.

4.4   Wer hat Zugriff auf eine Fachzeitschrift?

Früher war der Zugang zu Fachzeitschriften allein den Angehörigen von Hochschulen und Forschungseinrichtungen vorbehalten, die diese Zeitschriften abonniert hatten. Heutzutage gibt es jedoch verschiedene Modelle für den Zugang zu den Inhalten wissenschaftlicher Zeitschriften, die es auch Personen ohne Hochschulanbindung ermöglichen, auf die Aufsätze zuzugreifen. Studentische Fachzeitschriften verfolgen diesen Ansatz schon lange – hier sind die publizierten Artikel seit jeher für alle Interessierten frei zugänglich. Dennoch ist es für ein umfassendes Verständnis des Publikationsprozesses wichtig, die verschiedenen Modelle zu kennen – insbesondere, wenn Studierende später auch in nicht-studentischen Fachzeitschriften publizieren möchten. Im Folgenden werden die Modelle kurz vorgestellt und ihre Vor- und Nachteile erläutert. Tiefergehende Informationen können auf der Internetseite des Open-Access-Network gefunden werden. Das Netzwerk ist eine vom Bundesministerium für Bildung und Forschung (BMBF) geförderte Initiative, um den Austausch zum Thema Open Access innerhalb der Wissenschaft zu fördern und Materialien für die Weiterbildung bereitzustellen (www.open-access.network/).

Subskriptionsmodell Im sogenannten Subskriptionsmodell erscheinen Aufsätze in einer Fachzeitschrift, zu der nur Abonnent:innen Zugang haben. Autor:innen können ihre Aufsätze dort kostenlos veröffentlichen, Leser:innen (bzw. ihre Hochschule, Forschungseinrichtung oder Bibliothek) müssen jedoch zahlen. Während wissenschaftliche Bibliotheken früher einzelne Zeitschriften abonniert haben, kaufen sie heute den Zugang zu ganzen Zeitschriftenpaketen. Diese ermöglichen – zusätzlich zum Bezug der gedruckten Exemplare – den digitalen Zugriff auf alle Zeitschriften eines Verlags zu einem bestimmten Thema. Allerdings haben nicht alle Hochschulen Zugang zu den gleichen Zeitschriften. Dies schränkt das Publikum für einen Aufsatz zumindest teilweise ein.

Green Open Access Wenn Autor:innen einen Aufsatz in einer Zeitschrift mit Subskriptionsmodell publizieren, können sie ihr Manuskript dennoch auf andere Weise öffentlich zugänglich machen. Im Green Open Access-Modell nutzen Wissenschaftler:innen ihr sogenanntes Zweitverwertungsrecht. Dazu veröffentlichen sie die letzte Version ihres Manuskripts ohne Verlagslayout (*Accepted Manuscript*) auf ihrer persönlichen Webseite oder im Repositorium der Hochschule. Hierfür gilt im Regelfall eine Sperrfrist von bis zu zwei Jahren, bei in Deutschland veröffentlichten Zeitschriften beträgt diese jedoch maximal 12 Monate nach dem ersten Erscheinen des Beitrags. Auf diese Weise können auch Wissenschaftler:innen den Beitrag lesen, deren Hochschulbibliothek keinen Zugriff auf die jeweilige Zeitschrift hat – allerdings erst nach Ablauf der Sperrfrist.

Gold Open Access Bei Gold Open Access zahlen die Autor:innen (bzw. ihre Hochschule oder Forschungseinrichtung) eines zur Publikation angenommenen Manuskripts eine Veröffentlichungsgebühr (*Article Processing Charge*) an den

Verlag, der den Aufsatz dann sofort kostenlos für alle zur Verfügung stellt. Diese Gebühr kann einige hundert, aber auch einige tausend Euro betragen. In Deutschland hat das DEAL-Konsortium mit den Verlagen *Wiley* and *SpringerNature* Verträge ausgehandelt, die es Wissenschaftler:innen vieler deutscher Hochschulen ermöglichen, in den Zeitschriften dieser Verlage in Gold Open Access zu publizieren. Einige Zeitschriften publizieren nur in Gold Open Access, bei Open Choice-Zeitschriften können sich Autor:innen alternativ für das Subskriptionsmodell entscheiden. Der Vorteil dieses Modells liegt in der direkten Verfügbarkeit des Aufsatzes für alle Interessierten – dem gegenüber stehen jedoch die oft sehr hohen Kosten.

Diamond Open Access Im Diamond-Open-Access-Modell werden die Aufsätze ebenfalls kostenlos für alle Leser:innen zur Verfügung gestellt, allerdings müssen die Autor:innen hier nichts bezahlen. Die Kosten werden entweder von der herausgebenden Fachgesellschaft, der Hochschule oder einer anderen Stelle (z. B. Stiftung, Sponsoren) übernommen. Dort wo Fachzeitschriften ohne eine Beteiligung eines Verlags erscheinen (weil z. B. eine Hochschulbibliothek alle Infrastruktur bereitstellt oder die Kosten dafür übernimmt), lässt sich ebenfalls von Diamond Open Access sprechen. Dies trifft auch auf die meisten studentischen Fachzeitschriften zu. Hier übernimmt entweder eine Hochschule oder ein Verein die laufenden Kosten oder ein Verlag verzichtet im Sinne der Nachwuchsförderung auf die Erhebung von Gebühren.

4.5   Pseudo- und Raubverlage

Es gab schon immer unseriöse Verlage, die gegen gutes Geld nahezu jedes Manuskript ohne Qualitätskontrolle abgedruckt haben (sogenannte Pseudoverlage). Durch die Globalisierung der wissenschaftlichen Publikationslandschaft, die Etablierung von Open Access als Publikationsformat (siehe Abschn. 4.4) und den zunehmenden Druck auf Wissenschaftler:innen, möglichst viel zu veröffentlichen, hat sich hier in den letzten zehn Jahren allerdings ein neues Phänomen herausgebildet. Sogenannte Raubverlage (Predatory Publishers) täuschen vor, wissenschaftlich hochwertige Gold-Open-Access-Zeitschriften mit Peer Review-Verfahren zu veröffentlichen. In Wahrheit fehlt diese Qualitätskontrolle jedoch vollkommen – Raubverlage drucken selbst grob fehlerhafte Manuskripte oder absoluten Unsinn unverändert ab und kassieren dafür hohe Gebühren (siehe folgendes Beispiel).

Beispiel: What's the deal with birds?

Der amerikanische Ornithologe Daniel T. Baldassare (SUNY Oswego) war genervt von den vielen Werbe-E-Mails, die er von Raubverlagen erhielt. Er wollte sehen, ob diese Verlage auch ein völlig sinnloses Manuskript veröffentlichen würden. Also reichte er beim *Scientific Journal of Research & Reviews* ein Manuskript mit folgendem Titel und Abstract ein:

What's the deal with birds?
Many people wonder: what's the deal with birds? This is a common query. Birds are pretty weird. I mean, they have feathers. WTF? Most other animals don't have feathers. To investigate this issue, I looked at some birds. I looked at a woodpecker, a parrot, and a penguin. They were all pretty weird! In conclusion, we may never know the deal with birds, but further study is warranted.

Für das Manuskript selbst hatte Baldarssare eine Zeichnung angefertigt, in der er Pinguine, Papageien und Spechte in einem sinnlosen Koordinatensystem auf zwei Dimensionen anordnete. Außerdem dankte er Big Bird aus der Sesamstraße für seine hilfreichen Kommentare. Trotzdem teilte der Verlag bereits eine Woche nach der Einreichung mit, dass das Manuskript ohne Änderungen zur Veröffentlichung angenommen wurde – allerdings gegen eine Gebühr von $1600! Baldassare konnte den Verlag schließlich überzeugen, den Aufsatz doch kostenlos zu veröffentlichen und dokumentierte seinen Schriftwechsel auf Twitter. Nachdem Medien aus aller Welt über den Fall berichteten, löschte der Verlag den Aufsatz von seiner Website.

Baldassarre, D.T. (2020). *What's the Deal with Birds?* http://danbaldassarre. weebly.com/uploads/2/6/4/9/26491962/sjrr.ms.id.000540.pdf ◄

Zu Beginn waren diese pseudowissenschaftlichen Zeitschriften (*Predatory Journals*) noch recht einfach zu erkennen und ließen sich unter anderem anhand von amateurhaft gestalteten Webseiten mit einer Vielzahl von Rechtschreibfehlern schnell identifizieren. Inzwischen sehen die Angebote von Raubverlagen denen seriöser Wissenschaftsverlage aber teilweise täuschend ähnlich. Raubverlage imitieren nicht nur die Namen etablierter Fachzeitschriften, viele gehen sogar so weit, dass sie die Namen bekannter Wissenschaftler:innen als Herausgeber:innen auf ihren Webseiten angeben – selbstverständlich, ohne dass diese etwas davon wissen. Insbesondere unerfahrene Erstautor:innen oder Wissenschaftler:innen in Ländern mit einer weniger internationalen Wissenschaftskultur werden so zu Opfern von Raubverlagen.

Für Studierende und Nachwuchswissenschaftler:innen ist es oft schwierig, seriöse von unseriösen Angeboten zu unterscheiden. Aber auch etablierte Wissenschaftler:innen kennen nicht immer jede einzelne Zeitschrift, die in ihrem Fachbereich etwas publiziert. Vorsicht ist immer dann geboten, wenn man plötzlich per E-Mail von vermeintlichen Herausgeber:innen einer Zeitschrift kontaktiert wird. Viele Raubverlage suchen im Internet nach E-Mail-Adressen und verschicken dann Massenmailings. Autor:innen sollten ebenso misstrauisch werden, wenn mit einer schnellen Veröffentlichung innerhalb weniger Tage oder Wochen geworben wird. Wie oben dargestellt, dauert ein echter Begutachtungsprozess oft mehrere Monate. Wenn darüber hinaus das Themenspektrum der Zeitschrift sehr breit gefächert ist und der Name sehr vage gehalten ist (z. B. *Wissenschaftliche Zeitschrift für Geistes-, Sozial- und Naturwissenschaften*), liegen weitere Anzeichen für ein *Predatory Journal* vor.

Universitätsbibliotheken und andere Initiativen – wie z. B. *Think, Check, Submit* (www.thinkchecksubmit.org/) – stellen verschiedene Checklisten bereit, anhand derer Autor:innen die Seriosität von Zeitschriften und Verlagen überprüfen können. Im Anhang dieses Kapitels gibt es eine ausführliche Checkliste, die speziell auf Studierende und Erstautor:innen zugeschnitten ist. Eine weitere nützliche Ressource ist die Webseite *Publish with Integrity*. Hier werden viele Beispiele von Raubverlagen gesammelt und über deren Strategien aufgeklärt (www.predatorypublishing.com/). Auf unserer Website (www.studentisches-publizieren.de) findet sich zudem eine Zusammenstellung verschiedener Beispiele für Werbemails von seriösen und unseriösen Anbietern.

4.6   Zusammenfassung

Nicht jede Veröffentlichung, die sich mit wissenschaftlichen Themen beschäftigt, ist auch zwangsläufig eine wissenschaftliche Veröffentlichung. Wissenschaftliche Publikationen zeichnen sich gegenüber anderen Veröffentlichungen dadurch aus, dass sie einen Begutachtungsprozess durchlaufen haben, bei dem unabhängige Expert:innen die formulierten Argumente, Anwendung der Methoden und Interpretation der Ergebnisse überprüfen. In diesem Kapitel haben wir diesen Prozess Schritt für Schritt erläutert und die unterschiedlichen Rollen von Redaktionsmitgliedern, Gutachter:innen, Fachgesellschaften und Verlagen vorgestellt. Weiterhin haben wir die Prinzipien von Open Access erklärt und die Gefahren von Raubverlagen und Predatory Journals aufgezeigt.

Dieses Kapitel bildet den Abschluss des ersten Teils dieses Buches, in dem wir uns ganz allgemein mit dem wissenschaftlichen Publikationsprozess und dem studentischen Publizieren beschäftigt haben. Die Kapitel im zweiten Teil des Buches widmen sich nun der Überarbeitung einer studentischen Qualifikationsarbeit zu einem publikationsfähigen Fachaufsatz.

Übungsaufgaben

Aufgabe 1: Suchen Sie sich eine etablierte Sozialwissenschaftliche Fachzeitschrift aus (z. B. *Politische Vierteljahresschrift, Deutsche Zeitschrift für Soziologie, Kölner Zeitschrift für Soziologie und Sozialpsychologie*) und besuchen Sie die entsprechende Website. Beantworten Sie die folgenden Fragen:

* Was wird dort über den Review-Prozess gesagt?
* Gibt es Unterschiede? Wer sind die Herausgeber:innen?
* Wer ist Teil der Redaktion?
* An wen wendet man sich bei Fragen?
* Finden Sie Informationen zu Open-Access?

Aufgabe 2: Machen Sie sich mit der Tab. 4.2 vertraut. Wenden Sie die Tabelle auf ein beliebiges Journal an und schauen Sie, ob Sie die Fragen beantworten können. Sofern Sie alle Fragen bejahen können, steht hinter Zeitschrift höchstwahrscheinlich kein Raubverlag.

Tab. 4.2 Checkliste zur Identifikation von Raubverlagen und -zeitschriften

Kriterium	Ja	Nein
Können Sie den Verlag einfach identifizieren und kontaktieren?		
Ist klar, welche Kosten für eine Publikation anfallen werden?		
Lassen sich die Redaktionsmitglieder klar identifizieren?		
Falls es sich um eine Open-Access-Zeitschrift handelt: Ist der Verlag oder die Fachzeitschrift Mitglied einer anerkannten Initiative? Wie zum Bespiel: • Committee on Publication Ethics (COPE)? • Directory of Open Access Journals (DOAJ) gelistet? • Open Access Scholarly Publishers' Association (OASPA) an?		
Steht eine Fachgesellschaft, ein Institut, eine Universität, ein angesehener Wissenschaftsverlag oder ein studentischer Verein bzw. eine studentische Initiative hinter der Zeitschrift?		
Gibt es keine unrealistischen Versprechungen zum Zeitplan von der Einreichung bis zur Veröffentlichung?		
Ist die inhaltliche Qualität der bereits publizierten Aufsätze angemessen?		
Ist die Formatierung in bereits publizierten Aufsätzen einheitlich und korrekt?		

Quelle: thinkchecksubmit.org

Weiterführende Literatur

Walger, N., & Walger, N. (2019). Vom Schein des Rechten getäuscht? Raubverlage und was die Wissenschaft dagegen unternehmen kann. *Information-Wissenschaft & Praxis, 70*(2–3), 91–97. https://doi.org/10.1515/iwp-2019-2009
- In diesem Artikel wird detailliert auf die Fragen eingegangen, warum Wissenschaftler:innen in Raubverlagen publizieren, in welchem Ausmaß dies geschieht, wodurch sich Raubverlage auszeichnen und was gegen diese unternommen werden kann.

Stromberg, J. (2014, 23. März). I Sold My Undergraduate Thesis to a Print Content Farm. *SLATE.* https://slate.com/technology/2014/03/lap-lambert-academic-publishing-my-trip-to-a-print-content-farm.html
- In diesem Beitrag schildert der Journalist Joseph Stromberg seine Erfahrungen mit einem Raubverlag. Ähnlich wie Daniel Baldassare hat er dort eine Arbeit eingereicht und veröffentlicht, um zu zeigen, dass dort wissenschaftliche Qualitätskriterien nicht eingehalten werden. Er geht außerdem detailliert auf einen Verlag ein und beschreibt anhand dessen die allgemeine Arbeitsweise von Raubverlagen.

Teil II
Von der Haus- und Abschlussarbeit zum Manuskript

Eignet sich meine Arbeit zur Publikation?

5

In diesem Kapitel:

- Welche Qualifikationsarbeiten eignen sich allgemein als Grundlage für eine Publikation?
- Wie können Studierende feststellen, ob sich eine Haus- oder Abschlussarbeit zur Publikation eignet?
- Warum sind gerade Fachaufsätze eine geeignete Publikationsform für studentische Forschung?

Die meisten studentischen Arbeiten werden nicht mit dem Ziel einer Publikation verfasst. Viele Qualifikationsarbeiten eignen sich zwar durchaus zur Veröffentlichung, aber leider nicht alle. Vor der zeitintensiven Überarbeitung sollten Studierende deshalb genau überlegen, ob eine Publikation realistisch oder erstrebenswert ist. In diesem Kapitel diskutieren wir zunächst unterschiedliche Formate studentischer Arbeiten und ihr Publikationspotenzial. Weiterhin stellen wir eine Reihe von Kriterien vor, anhand derer Studierende das Potenzial selbst oder zusammen mit anderen überprüfen und den Überarbeitungsaufwand realistisch einschätzen können. Ein besonderes Augenmerk gilt dabei dem Fachaufsatz, der als gängigste Form der wissenschaftlichen Publikation in den Sozialwissenschaften für studentische Publikationen besonders geeignet ist und die daher den Fokus der weiteren Kapitel darstellt.

© Der/die Autor(en), exklusiv lizenziert an Springer Fachmedien Wiesbaden GmbH, ein Teil von Springer Nature 2024
P. Köker, M. Harmening, *Studentisches Publizieren in den Sozialwissenschaften*,
https://doi.org/10.1007/978-3-658-43169-3_5

5.1   Studentische Arbeiten und ihr Publikationspotenzial

In diesem Buch haben wir bisher sehr allgemein von Qualifikationsarbeiten oder etwas konkreter von Haus- und Abschlussarbeiten gesprochen. Studierende produzieren während ihres Studiums jedoch Texte in einer Vielzahl unterschiedlicher Formate. Viele dieser Texte haben auch eine Entsprechung in der Welt der wissenschaftlichen Publikationen – dabei eignen sich allerdings einige Texte deutlich besser zur Veröffentlichung als andere. Das größte Potenzial sehen wir dabei in überdurchschnittlichen Haus- und Abschlussarbeiten. Auf den nächsten Seiten schauen wir uns die verschiedenen Formate an und zeigen auf, inwiefern diese Texte das Potenzial zur Veröffentlichung haben.

Bachelor- und Masterarbeiten Die wohl offensichtlichste Form einer studentischen Qualifikationsarbeit ist die Bachelor- oder Masterthesis. Gleichzeitig ist es auch das Format mit dem größten Publikationspotenzial. Die Gründe dafür liegen auf der Hand: Eine erfolgreich abgeschlossene Abschlussarbeit zeigt, dass Studierende in der Lage sind, selbstständig wissenschaftlich zu arbeiten und eine eigene Forschungsfrage zu beantworten. In kaum einer anderen Qualifikationsarbeit setzen sich Studierende so intensiv und über einen so langen Zeitraum mit einem Thema auseinander wie in einer Abschlussarbeit. Im Idealfall erlangen sie dadurch nicht nur selbst ein vertieftes Verständnis des Forschungsgegenstands und einen umfassenden Überblick über relevante Forschungsergebnisse und -diskurse, sondern tragen auch selbst zum wissenschaftlichen Fortschritt bei. Dieser eigene Beitrag kann sehr unterschiedlich ausfallen – während manche Studierende die Ergebnisse bestehender Forschung vollumfänglich aufarbeiten und neue theoretische Perspektiven entwickeln, steht bei anderen die Sammlung und Analyse quantitativer oder qualitativer Daten im Vordergrund. Unabhängig vom jeweiligen Schwerpunkt bieten überdurchschnittliche Arbeiten somit eine solide Grundlage für eine wissenschaftliche Publikation.

Abschlussarbeiten eignen sich aufgrund ihres Umfangs und ihrer tiefer gehenden Auseinandersetzung mit einer spezifischen Forschungsfrage vor allem für die Publikation als Zeitschriftenaufsatz. Allerdings müssen Studierende ihre Arbeiten dazu meist noch etwas kürzen. Während Bachelorarbeiten oft nur etwa 30 bis 40 Seiten umfassen, sind Masterarbeiten deutlich länger. Dadurch ist der Aufwand bei der Überarbeitung vergleichsweise hoch und es kann ratsam sein, den Text zumindest teilweise neu zu schreiben (siehe Kap. 6). Das klingt zwar zunächst nach viel Arbeit, bei näherer Betrachtung ist es das aber gar nicht unbedingt. Schließlich haben Studierende bereits eine passende Forschungsfrage identifiziert, die relevante Literatur zusammengefasst, eine theoretische Argumentation entwickelt und auch die Analyse abgeschlossen. Die meiste Arbeit ist also schon getan! Eine Alternative zum Zeitschriftenaufsatz bieten einige Verlage, die exzellente Masterarbeiten als Buch veröffentlichen. Hier sollten Studierende allerdings vor Raubverlagen auf der Hut sein (siehe Kap. 4). Ein Beispiel für eine seriöse Publikationsmöglichkeit ist die *BestMasters*-Reihe des Verlags *Springer VS* – hier müssen Studierende allerdings von ihren Prüfenden vorgeschlagen werden.

Hausarbeiten Die Hausarbeit ist wahrscheinlichste die am weitesten verbreitete Form studentischer Qualifikationsarbeiten. Genau wie bei Abschlussarbeiten geht es darum, eine Forschungsfrage innerhalb eines begrenzten Zeitraums selbstständig zu bearbeiten. Gleichzeitig haben Hausarbeiten einen geringeren Umfang als Abschlussarbeiten. Sie müssen daher nicht umständlich gekürzt werden, es kann aber sein, dass noch Aspekte ergänzt werden müssen. Trotzdem lässt sich das Publikationspotenzial studentischer Hausarbeiten weniger pauschal beurteilen als das von Abschlussarbeiten. Dies liegt zum einen daran, dass Studierende bereits zu Beginn des Studiums ihre erste Hausarbeit schreiben. Das Ziel dieser Arbeiten ist es, die Techniken des wissenschaftlichen Arbeitens einzuüben und erste Praxis im wissenschaftlichen Schreiben zu sammeln. In Bezug auf den Inhalt liegen die Ansprüche hingegen vergleichsweise niedrig. Wer es schafft, einige relevante Quellen korrekt wiederzugeben und eine einfache Forschungsfrage auf dieser Basis zu beantworten, kann hier schon oft auf eine gute Note hoffen. Hausarbeiten, die zu Beginn des Bachelorstudiums entstehen oder nur eine von den Dozierenden vorgegebene Fragestellung behandeln, sind somit für die wissenschaftliche Öffentlichkeit kaum von Interesse. Im weiteren Verlauf des Studiums können aber auch Hausarbeiten von Bachelor-Studierenden ein höheres Publikationspotenzial besitzen, insbesondere wenn sie aktuelle oder bisher wenig erforschte Themen sorgfältig bearbeiten. Auch können diese Arbeiten oft durch einen gewissen Mehraufwand (siehe Kap. 6) ergänzt werden, um den Anforderungen eines studentischen Zeitschriftenaufsatzes zu genügen.

Hausarbeiten im Masterstudium müssen in Bezug auf Inhalt, Umfang und Methoden deutlich höhere Ansprüche erfüllen als noch im Bachelor und besitzen dadurch auch ein höheres wissenschaftliches Niveau. Hier wird nicht nur erwartet, dass Studierende eine relevante Forschungslücke herausarbeiten, sondern auch erlernte Forschungsmethoden selbstständig anwenden. Zudem ist es in den meisten Masterstudiengängen üblich, sich in einem bestimmten Themenbereich zu vertiefen, wodurch bei vielen Studierenden bereits gefestigte Fachkenntnisse vorhanden sind. Besonders gute Hausarbeiten von Masterstudierenden weisen also ein hohes Potenzial für eine Publikation als Aufsatz in einer studentischen Fachzeitschrift auf. Darüber hinaus kann sich die Möglichkeit ergeben, die eigene Forschungsarbeit in Form eines Sammelbandbeitrags zu veröffentlichen – hier sind die Studierenden allerdings auf eine Einladung angewiesen (z. B. wenn ihre Dozierenden gerade an einem entsprechenden Werk arbeiten).

Replikationsstudien In Replikationsstudien wird versucht, die Analyse eines bestehenden Aufsatzes eigenständig zu wiederholen und übereinstimmende Ergebnisse zu erhalten. In den Sozialwissenschaften wurden Replikationen zwar schon lange in der Lehre quantitativer Forschungsmethoden eingesetzt, aber haben sich erst in den letzten Jahren als eigenes Publikationsformat etabliert. Auch studentische Replikationsstudien können daher Veröffentlichungspotenzial besitzen – allerdings hängt dies unter anderem vom Format und Umfang der Studie ab. Studien, die eine kürzlich erschienene Analyse eigenständig replizieren, sind dabei für die wissenschaftliche Öffentlichkeit deutlich interessanter als solche, die nur unter Anleitung im Seminar und auf der Basis von Daten erstellt wurden, welche bereits von mehreren Studierendenkohorten ausgewertet wurden.

Bei einer Replikation können neben der Reproduktion von Ergebnissen auch noch Erweiterungen der ursprünglichen Studie erfolgen. Hier können zum Beispiel Veränderungen der Ergebnisse bei unterschiedlicher Operationalisierung oder durch Hinzufügen einer weiteren unabhängigen Variable geprüft werden. Genauso kann untersucht werden, ob es möglich ist die Ergebnisse einer Studie auf Basis neuer Daten zu replizieren. Auch hier gilt: Insbesondere Hausarbeiten im Master können sehr vielversprechend sein, da hier oft schon ein sehr hohes methodisches Niveau erreicht wird. Diese Studien können dann entweder als ausführlicher Zeitschriftenaufsatz oder als kürzere *Research Note* veröffentlicht werden, d. h. als ein Kurzaufsatz, der sich allein auf die Darstellung von Ergebnissen, Daten oder Methoden konzentriert. Einige Zeitschriften haben auch eigene Formate für Replikationsstudien etabliert. Bei der Publikation von Replikationsstudien sollte allerdings darauf geachtet werden, niemandem unnötig auf den Schlips zu treten. Wenn ein vermutetes Problem in einer bestehenden Studie erkannt wird, ist es ratsam, zunächst Kontakt mit den Autor:innen aufzunehmen und sich gegebenenfalls mit Dozierenden am eigenen Institut zu beraten.

Essays Neben Hausarbeiten sind Essays eine weitere viel genutzte Textform in sozialwissenschaftlichen Studiengängen. In Normalfall geht es um hier die Erörterung einer bestimmten gesellschaftlichen, politischen oder wissenschaftlichen Fragestellung. Dabei steht die systematische Entwicklung einer These im Vordergrund, die anschließend mithilfe wissenschaftlicher Quellen belegt wird. Die Struktur und der Umfang eines Essays variieren stark. Gleichzeitig bietet diese Textform größere stilistische Freiheiten. Essays finden sich als eigenständige Publikationsform nur in einigen Teilbereichen der Sozialwissenschaften. Ihr Publikationspotenzial lässt sich daher nur schwer generalisieren.

Längere Essays, die sich systematisch mit einer wissenschaftlich relevanten Fragestellung auseinandersetzen und alle Kernelemente einer empirisch-analytischen Arbeit enthalten (siehe Kap. 3), können möglicherweise in Form eines

Aufsatzes publiziert werden. Essays, die aktuelle Kontroversen in der Forschung aufgreifen und neue Impulse formulieren, werden zudem in einigen Zeitschriften als sogenannter Debattenbeitrag veröffentlicht. Als Alternative gibt es wissenschaftliche Blogs, in denen kürzere wissenschaftliche Arbeiten und Kommentare in Essayform veröffentlicht werden. Wie auch bei der Replikationsstudie besteht zudem die Möglichkeit der Veröffentlichung in Form einer *Research Note,* wenn es sich um einen Essay mit methodisch-empirischem Schwerpunkt handelt.

Literaturberichte und Buchrezensionen Das Verfassen von Literaturberichten und Buchrezensionen soll Studierende in der kritischen Auseinandersetzung mit wissenschaftlichen Quellen trainieren. Auch wenn diese Texte oft relativ kurz sind und vor allem der Vorbereitung auf eine längere Arbeit (z. B. eine Hausarbeit) dienen, können auch diese Texte Potenzial zur Veröffentlichung besitzen. Fachzeitschriften veröffentlichen regelmäßige sogenannte *Review Articles* (teilweise auch *Review Essays* genannt), die systematisch den Forschungsstand zu einem bestimmten Thema zusammenfassen und Entwicklungsperspektiven aufzeigen. Allerdings entsprechen studentische Literaturüberblicke in der Regel leider nicht dem Umfang eines solchen Artikels und müssten für eine Publikation noch erweitert werden. Selbst wenn ein Literaturbericht allein nicht für eine Veröffentlichung geeignet sein sollte, kann dieser natürlich weiter ausgebaut werden oder als Anregung für eine empirische Arbeit dienen. Literaturarbeit ist schließlich immer notwendig, um eine geeignete Forschungsfrage zu identifizieren.

Viele Fachzeitschriften veröffentlich auch Buchrezensionen, bei denen neue wissenschaftliche Monografien und Lehrbücher besprochen werden. Während jedoch bei studentischen Buchbesprechungen oft die Zusammenfassung des Inhalts im Vordergrund steht, ordnen Fachrezensionen die besprochenen Werke in einen größeren Kontext ein und erläutern ihre wissenschaftliche Relevanz im Hinblick auf aktuelle Trends. Studentische Rezensionen besitzen insbesondere dann Publikationspotenzial, wenn sie kürzlich (d. h. in den letzten zwei Jahren) erschienene Fach- oder Lehrbücher behandeln und eine nuancierte Bewertung vornehmen, die vor allem die Vorzüge des Buchs hervorhebt und eventuelle Kritik sachlich äußert. Aufgrund des geringeren Umfangs (meist ca. 1.000 Wörter) kann eine Rezension auch eine gute Möglichkeit sein, sich in kleinen Schritten an die erste eigene Publikation zu wagen.

Projekt- und Datenberichte In vielen Studiengängen gibt es Projektseminare, in denen – häufig in Zusammenarbeit mit anderen Studierenden – ein Projekt eigenständig geplant und durchgeführt wird. Dieses Lehrformat findet sich vor allem in praxisorientierten Modulen und Studiengängen und wird teilweise in Kooperation mit hochschulexternen Partnereinrichtungen (z. B. Unternehmen oder Behörden) durchgeführt. Daher steht hier oft nicht die Beantwortung einer rein wissenschaftlichen Forschungsfrage, sondern die Entwicklung von Maßnahmen zur Erreichung selbst definierter oder vorgegebener Ziele im Vordergrund. Die Bewertung von Leistungen erfolgt dann auf Basis eines Projektberichts. Dieser nimmt zwar auch auf wissenschaftliche Quellen Bezug, erläutert aber vor allem die Ziele und das Vorgehen und dokumentiert die Erfolge. Projektberichte als solche haben keine direkte Entsprechung in der Welt der wissenschaftlichen Publikationen, enthalten aber dennoch alle Elemente einer typischen empirischen Studie und können damit eine solide Grundlage für eine Veröffentlichung als Fachaufsatz sein. Jedoch sollten Studierende hier größeren Überarbeitungsaufwand einplanen als bei einer Hausarbeit.

In Methodenkursen oder forschungsorientierten Seminaren schreiben Studierende oft sogenannte Datenberichte, in denen sie einen bestehenden quantitativen Datensatz oder selbsterhobene Daten mithilfe statistischer Verfahren auswerten. In den quantitativ ausgerichteten Teilgebieten der Sozialwissenschaften ist es nicht unüblich, einen eigenen Datensatz mit einer entsprechenden Beschreibung zu veröffentlichen. Allerdings handelt es sich dabei meist um Daten, die im Rahmen größerer Forschungsprojekte gesammelt wurden und eine entsprechend hohe Qualität und großen Umfang aufweisen. Wenn Studierende Umfragen unter Mitstudierenden durchführen oder andere Datensätze erstellen, unterliegen diese oft verschiedenen Einschränkungen, z. B. kann bei Umfragen meist keine randomisierte Stichprobe gezogen werden. Ein solcher Datensatz und ein entsprechender Datenbericht haben daher für sich genommen wenig Publikationspotenzial, können aber eine sehr gute Grundlage für eine Qualifikationsarbeit sein. Werden in der Qualifikationsarbeit die Einschränkungen der Daten transparent reflektiert und zusätzliche Datenquellen herangezogen, kann die Arbeit dennoch publikationsfähig sein.

Bei Gruppenarbeiten ist es immer wichtig, niemanden zu übergehen. Wenn eine Publikation angestrebt wird, sollte dies mit allen Beteiligten offen kommuniziert werden. Eine Möglichkeit besteht darin, eine Publikation gemeinsam zu erarbeiten. In diesem Fall werden alle Beteiligten als Autor:innen aufgeführt. Sollte jemand kein Interesse an der Publikation haben, besteht die Möglichkeit, das Projekt ohne diese Person zu veröffentlichen. Es müssen jedoch immer alle Beteiligten mit dem Vorhaben einverstanden sein.

5.2　Der Fachaufsatz als beste Möglichkeit für die erste Veröffentlichung

Studierende schreiben eine Vielzahl von Texten im Studium, die das Potenzial zur Publikation besitzen. Aber welches Format eignet sich am besten für die erste wissenschaftliche Veröffentlichung? Wir sind überzeugt, dass der Aufsatz in einer (studentischen) Fachzeitschrift hier die beste Option ist. Dafür gibt es gleich mehrere Gründe:

- Fachaufsätze sind in den Sozialwissenschaften die am weitesten verbreitete Form der wissenschaftlichen Veröffentlichung. Als Standardformat werden sie am ehesten von anderen Wissenschaftler:innen gelesen oder zitiert. Durch das erfolgreiche Durchlaufen des wissenschaftlichen Begutachtungsverfahrens (siehe Kap. 4) wird die Qualität der Forschung garantiert. Zudem zeigt dies, dass die Autor:innen die Fähigkeit besitzen, ernst zu nehmende Forschung zu betreiben. Somit werden Fachaufsätze auch oft als Eintrittskarte in die Wissenschaftswelt bezeichnet und sind ein Sprungbrett für die weitere wissenschaftliche Karriere.

- Im Gegensatz zu anderen Publikationsformaten (z. B. wissenschaftliche Monografien) ist der Zugang zu Zeitschriften vergleichsweise niedrigschwellig. Bei den meisten Fachzeitschriften kann jede:r Autor:in Manuskripte einreichen. Weiterhin gibt es eine Vielzahl von Fachzeitschriften, die alle erdenklichen Fachgebiete und Themen abdecken. Genauso haben sich manche Zeitschriften auf studentische Forschung und Erstautor:innen spezialisiert (siehe Abschn. 2.3). So findet sich für nahezu jedes Manuskript eine passende Zeitschrift. Selbst wenn der eigene Aufsatz beim ersten Versuch abgelehnt wird, gibt es viele weitere Möglichkeiten, das Manuskript nach einer Überarbeitung an anderer Stelle erneut einzureichen.

- Studentische Haus- und Abschlussarbeiten ähneln in vielen Aspekten schon wissenschaftlichen Fachaufsätzen (siehe Kap. 3). Dies hält zum einen den Überarbeitungsaufwand vor der Veröffentlichung in Grenzen, da gute studentische Qualifikationsarbeiten bereits die wichtigsten Kriterien erfüllen. Zum anderen erhalten Studierende durch den Begutachtungsprozess zusätzliches Feedback zu ihrer Arbeit, das nicht nur den Zeitschriftenbeitrag selbst verbessert, sondern auch beim Verfassen zukünftiger Qualifikationsarbeiten hilfreich sein kann.

- Der zeitliche Rahmen für die Veröffentlichung eines Fachaufsatzes ist generell deutlich absehbarer als bei anderen Publikationsformaten. Bei einem Buchmanuskript vergehen regelmäßig mehr als ein Jahr zwischen dem ersten Kontakt mit dem Verlag und der Veröffentlichung. Bei einem Sammelbandbeitrag sind Autor:innen darauf angewiesen, dass auch alle anderen Kapitel rechtzeitig eingereicht werden, damit es nicht zu Verzögerungen kommt. Fachzeitschriften erscheinen hingegen regelmäßig und publizieren neue Aufsätze, sobald diese das Begutachtungsverfahren erfolgreich durchlaufen haben. Selbst wenn es teilweise einige Monate dauern kann, bis ein Aufsatz in einer Ausgabe der Zeitschrift erscheint, ist er in der Regel direkt online verfügbar.

Im weiteren Verlauf dieses Buches werden wir uns auf die Überarbeitung von Haus- und Abschlussarbeiten zur Veröffentlichung als Aufsatz in einer Fachzeitschrift konzentrieren. Dies heißt aber nicht, dass wir von anderen Publikationsformaten prinzipiell abraten. Auf unserer Webseite (www.studentisches-publizieren.de) stellen wir auch für andere studentische Texte hilfreiche Tipps und Hinweise bereit.

5.3 Publikationseignung und Arbeitsaufwand richtig einschätzen

Viele Arten von Qualifikationsarbeiten haben grundsätzlich Potenzial publiziert zu werden. Einige eignen sich dabei besonders gut als Grundlage für einen Zeitschriftenaufsatz. Bevor Studierende die Tipps und Hinweise im nächsten Kapitel für die Überarbeitung ihrer Arbeit zu einem Manuskript nutzen, sollten sie sich die Frage stellen, inwieweit ihre Arbeit nicht nur generell das Potenzial zur Veröffentlichung hat, sondern auch inhaltlich für eine Veröffentlichung geeignet ist. Ebenso sollten sie sich ein realistisches Bild davon machen, wie viel Arbeit in die Überarbeitung investiert werden muss.

Im Folgenden haben wir zentrale Kriterien zusammengestellt, mit denen Studierende die Publikationseignung einer Arbeit bewerten und den Überarbeitungsaufwand einschätzen können (Tab. 5.1). Viele der Punkte sind den meisten Studierenden wahrscheinlich schon in der einen oder anderen Weise begegnet, da es sich auch um typische Bewertungskriterien für Haus- und Abschlussarbeiten handelt. Da wir uns mit diesem Buch an Studierende aus dem gesamten Spektrum der Sozialwissenschaften richten, sind die Fragen bewusst allgemein gehalten. Unter jeder Frage haben wir mehrere Unterfragen formuliert. Diese decken unterschiedliche Aspekte der Kriterien ab und haben je nach Fach eine unterschiedliche Relevanz. Wir empfehlen, die Checkliste mit Dozierenden oder Mitstudierenden zu besprechen, wenn Unsicherheit darüber besteht, welche Aspekte in einem Fach besonders wichtig sind.

Der erste Fragenblock beschäftigt sich ganz allgemein mit der Publikationseignung der Arbeit. Von wissenschaftlichen Publikationen wird verlangt, dass sie einen Erkenntnisfortschritt beinhalten – ganz egal wie groß. Wenn eine Haus- oder Abschlussarbeit nur bisherige Erkenntnisse wiederholt, ohne neue Verbindungen herzustellen oder eigene Argumente zu formulieren, ist dieses Kriterium höchstwahrscheinlich nicht erfüllt. Gleiches gilt, wenn die Arbeit eine Frage beantwortet, die Dozierende jedes Jahr der gesamten Studierendenkohorte aufgeben. Wenn in der Arbeit allerdings selbstständig eine Forschungsfrage entwickelt wurde, die in dieser Form noch nicht vollständig beantwortet wurde, verspricht die Arbeit einen hinreichenden Fortschritt. Dies ist ebenso der Fall, wenn ein empirischer oder theoretischer Aspekt eines Themas bearbeitet wurde, der von der Wissenschaft bis-

Tab. 5.1   Publikationseignung und Überarbeitsaufwand studentischer Qualifikationsarbeiten

Kriterium	Ja	Nein
1. Publikationseignung		
1.1 Beschäftigt sich die Arbeit mit einer klar formulierten und relevanten Fragestellung? *Wurde die Fragestellung selbst erarbeitet? Bezieht sich die Arbeit auf eine konkrete wissenschaftliche Forschungslücke? Greift sie eine aktuelle gesellschaftliche Frage auf zu der es bisher noch kaum Forschung gibt? Oder zielt die Arbeit darauf ab, neue theoretische Argumente zu präsentieren?*		
1.2 Liefert die Arbeit einen eigenen wissenschaftlichen Beitrag (egal wie groß)? *Formuliert die Arbeit neue theoretische Argumente oder Hypothesen? Präsentiert die Arbeit neue quantitative oder qualitative Daten oder wertet sie bestehende Daten auf neue Weise aus? Wissen Leser:innen nach der Lektüre der Arbeit mehr als zuvor?*		
1.3 Hat die Arbeit eine gute Bewertung erhalten? *War die Note für das Fach oder den Kurs überdurchschnittlich gut? Bezog sich Kritik nur auf einzelne Punkte, nicht aber die Arbeit als Ganzes? Gab es besonderes Lob für die Arbeit oder einzelne Aspekte?*		
2. Überarbeitungsaufwand		
2.1 Enthält die Arbeit alle typischen Elemente einer wissenschaftlichen Arbeit? *Gibt es eine Einleitung, einen Forschungsstand, einen theoretischen Rahmen, ein Forschungsdesign, einen Ergebnisteil und ein Fazit?*		
2.2 Sind alle Elemente Ihrer Arbeit vollständig?		
2.2.1 Enthält der Forschungsstand alle relevante Literatur? *Werden sowohl klassische Studien als auch aktuelle Forschung zitiert? Sind die wichtigsten Debatten im Feld der Arbeit abgedeckt? Werden Zusammenhänge in der Literatur aufgezeigt, anstatt dass Inhalte nur wiedergegeben werden?*		
2.2.2 Gibt es einen angemessenen theoretischen Rahmen? *Umfasst der theoretische Rahmen alle Konzepte und Variablen, die für die Analyse relevant sind? Werden alle Konzepte hinreichend spezifiziert? Ist der Rahmen eindeutig auf das Erkenntnisinteresse der Arbeit ausgerichtet? Sind Hypothesen oder forschungsleitende Annahmen falsifizierbar?*		
2.2.3 Ist die Auswahl der Datengrundlage und des Forschungsdesigns zweckmäßig? *Wird ein passendes Forschungsdesign herangezogen? Basiert die Arbeit auf einer passenden quantitativen oder qualitativen Datengrundlage? Werden die theoretischen Konzepte angemessen operationalisiert?*		
2.2.4 Ist die Analyse und die Schlussfolgerungen nachvollziehbar? *Werden die Methoden korrekt angewendet und die Ergebnisse angemessen dargestellt? Gibt es eine klare Verbindung zwischen Empirie und Theorie? Werden die Schlussfolgerungen durch die Ergebnisse der Analyse gedeckt?*		

her noch nicht genügend beachtet wurde. Schließlich sollte – soweit vorhanden –
auch die Bewertung der Arbeit durch den Dozierenden reflektiert werden. Die
Notengebung kann sich zwischen Fächern, Hochschulen und Dozierenden stark
unterscheiden. Deswegen geben wir hier auch keine Mindestnoten an. Dennoch
sollten sich Studierende darüber im Klaren sein, dass insbesondere Arbeiten mit
überdurchschnittlichen Noten auch für eine spätere Publikation geeignet sind.

Der zweite Fragenblock bezieht sich auf die inhaltlichen Grundlagen. Wenn eine
Arbeit alle klassischen Elemente eines Zeitschriftenaufsatzes aufweist, müssen Studie-
rende entsprechend weniger nacharbeiten, um die Arbeit publikationsfähig zu machen.
Sollte eines der Elemente fehlen oder vielleicht zu kurz geraten sein, muss entsprechend
mehr Zeit für die Überarbeitung eingeplant werden. Studierende sollten zudem über-
prüfen, ob alle Teilelemente auf einem soliden Fundament stehen: Falls noch mehr
Literatur gesichtet werden muss, der theoretische Rahmen nicht alle Variablen und
Konzepte abdeckt oder noch weitere Daten gesammelt werden müssen, sollte mehr
Zeit für die Überarbeitung eingeplant werden. Hierbei werden nicht unbedingt alle
Fragen in Tab. 5.1 in gleicher Weise auf eine Arbeit zutreffen. Studierende sollten sich
genau überlegen, wo der Schwerpunkt der Arbeit liegt (z. B. Literatur, Theorie oder
Empirie). Wenn Studierende die meisten für sie relevanten Punkte bejahen können,
sind sie auf dem besten Weg zu ihrer ersten wissenschaftlichen Publikation!

5.4   Zusammenfassung

Viele der Qualifikationsarbeiten, die Studierende im Studium verfassen, haben grundsätzlich das Potenzial zur Veröffentlichung. Dabei eignen sich insbesondere Bachelor-
und Masterarbeiten aber auch Hausarbeiten aus höheren Semestern als Grundlage für
eine wissenschaftliche Publikation. Es gibt verschiedene Möglichkeiten, diese Arbeiten zu veröffentlichen – wir plädieren insbesondere dafür, dass Studierende einen Aufsatz in einer (studentischen) Fachzeitschrift als erste Publikation in Angriff nehmen.
Fachaufsätze sind nicht nur die am weitesten verbreitete Publikationsform in den
Sozialwissenschaften, sondern weisen auch die größten Ähnlichkeiten zu den meisten
studentischen Arbeiten auf. In diesem Kapitel haben wir zudem eine Reihe von Kriterien vorgestellt, anhand derer Studierende die allgemeine Publikationseignung ihrer
Arbeit sowie den Überarbeitungsaufwand abschätzen können.

Im nächsten Kapitel widmen wir uns nun der Überarbeitung einer bestehenden
Qualifikationsarbeit zur Publikation. Dabei geben wir zahlreiche Tipps und Hinweise, wie aus einer Haus- oder Abschlussarbeit ein Manuskript zur Einreichung
bei einer Fachzeitschrift werden kann.

Übungsaufgaben

Aufgabe 1 Nehmen Sie eine von Ihnen verfasste Haus- oder Abschlussarbeit zur Hand. Wenden Sie die Kriterien aus Tab. 5.1 Schritt für Schritt auf die Arbeit an. Entscheiden Sie im Anschluss, ob die Arbeit grundsätzlich zur Publikation geeignet ist. Diskutieren Sie die Ergebnisse mit Freund:innen oder Komiliton:innen.

Aufgabe 2 Um eine studentische Qualifikationsarbeit systematisch zu überarbeiten, müssen Sie genügend Zeit haben und regelmäßig an Ihrem Manuskript arbeiten. Machen Sie sich einen Zeitplan der nächsten drei Monate, in dem Sie die Ihnen zur Verfügung stehende Zeit realistisch einschätzen. Im Idealfall sollten sie pro Woche mindestens einen halben Tag für die Überarbeitung aufwenden können.

Die inhaltliche Überarbeitung: Von Abstract bis Anhang

6

In diesem Kapitel:

- Was sind die Alleinstellungsmerkmale der eigenen Arbeit?
- Wie schreibt man einen Abstract?
- Welche Elemente können aus einer Qualifikationsarbeit übernommen werden?
Was muss an den einzelnen Kapiteln geändert werden? Was muss gehen?

Sehr gute Haus- und Abschlussarbeiten erfüllen oft schon viele der Anforderungen, die an wissenschaftliche Publikationen gestellt werden. Doch auch die brillanteste studentische Arbeit ist im Herzen immer noch eine Qualifikationsarbeit, die im Rahmen bestimmter Vorgaben von Hochschulen oder Betreuenden verfasst wurde. Damit die Arbeit von Wissenschaftler:innen als relevant wahrgenommen wird und auch den Begutachtungsprozess übersteht (siehe Kap. 4), muss sie noch überarbeitet werden. Dieses Kapitel hilft Studierenden zunächst dabei, die Alleinstellungsmerkmale ihrer Arbeit zu identifizieren und herauszuarbeiten. In einem zweiten Schritt erläutern wir, wie Studierende einen Abstract verfassen und als Richtschnur für die weitere Überarbeitung nutzen können. Im dritten Teil des Kapitels werden dann die Inhalte der klassischen Elemente eines Fachaufsatzes diskutiert. Anhand des Fragen-Dreischritts *Was bleibt? – Was muss überarbeitet werden? – Was muss gehen?* formulieren wir dabei konkrete Hinweise zur Überarbeitung der einzelnen Abschnitte. Der Schwerpunkt liegt dabei auf der inhaltlichen Überarbeitung. Die sprachliche Gestaltung und andere Formalia sind hier zunächst weniger wichtig. Wir behandeln diese Punkte detaillierter in Kap. 7.

© Der/die Autor(en), exklusiv lizenziert an Springer Fachmedien Wiesbaden GmbH, ein Teil von Springer Nature 2024
P. Köker, M. Harmening, *Studentisches Publizieren in den Sozialwissenschaften*,
https://doi.org/10.1007/978-3-658-43169-3_6

6.1   Alleinstellungsmerkmale herausarbeiten

Eine gute Haus- oder Abschlussarbeit wurde im Laufe des Schreibprozesses wahrscheinlich mehrfach überarbeitet bevor sie abgegeben wurde – schließlich lässt sich nur so erreichen, dass sich ein roter Faden durch die Arbeit zieht, Begriffe konsistent verwendet werden und alle Kapitel und Argumente logisch aufeinander aufbauen. In diesen Prozess ist bereits viel Arbeit geflossen. Daher fällt es den Studierenden verständlicherweise oft schwer, ihre Texte jetzt noch einmal zu überarbeiten. Wer die eigene Haus- oder Abschlussarbeit zur Publikation einreichen möchte, sollte diesen Schritt trotzdem ernstnehmen. Arbeiten, die nicht überarbeitet wurden, werden auch von studentischen Fachzeitschriften mit großer Wahrscheinlichkeit sofort abgelehnt. Spätestens die Gutachter:innen werden im Hinblick auf den zu großen Änderungsbedarf aber sicherlich eine Ablehnung des Manuskripts empfehlen.

Aber warum ist die Überarbeitung so wichtig? Eine der wichtigsten Funktionen wissenschaftlicher Publikationen ist es, neue Erkenntnisse zu dokumentieren und zu kommunizieren (siehe Abschn. 2.1). Ob andere Wissenschaftler:innen einen Aufsatz lesen, hängt vor allem davon ab, ob die Inhalte für sie interessant und relevant erscheinen. Autor:innen müssen ihr potenzielles Publikum deshalb überzeugen, dass ihr Aufsatz lesenswert ist und neue Erkenntnisse präsentiert. Im Gegensatz dazu stellen Studierende in Qualifikationsarbeiten primär verschiedene Kompetenzen im Verfassen wissenschaftlicher Arbeiten unter Beweis (Abschn. 2.2). Prüfer:innen und Dozierende lesen studentische Arbeiten unabhängig davon, wie relevant sie das Thema finden oder wie gut die Arbeit geschrieben ist – das Publikum muss also nicht erst von der Relevanz überzeugt werden. Beim ersten Schritt der Überarbeitung von Qualifikationsarbeiten geht es daher darum, die relevanten Forschungsinhalte und -erkenntnisse herauszuarbeiten und in den Vordergrund zu stellen.

Um eine Strategie zur Überarbeitung zu entwickeln, sollten sich Studierende zunächst überlegen, was die Alleinstellungsmerkmale oder „Verkaufsargumente" ihrer Arbeit sind. Die Möglichkeiten sind hier theoretisch unbegrenzt, dennoch ergeben sie sich in der Regel aus der wissenschaftlichen und gesellschaftlichen Relevanz der Arbeit. Verkaufsargumente beziehen sich meistens auf eine von fünf Kategorien: (1) Aktualität des Themas, (2) Forschungsstand, (3) Theorie, (4) Daten und Methoden, und (5) Ergebnisse. Tab. 6.1 führt einige allgemeine Beispiele für Verkaufsargumente in den einzelnen Kategorien auf. Die meisten dieser Sätze sollten sich dabei bekannt anhören, denn sie finden sich – in der einen oder anderen Form – in nahezu jedem publizierten Fachaufsatz. Wer sich Fach-

Tab. 6.1   Typische Verkaufsargumente für wissenschaftliche Arbeiten

Kategorie	Diese Arbeit …
Aktualität	… greift eine aktuelle politische oder gesellschaftliche Debatte auf.
	… trägt zur Klärung einer viel diskutierten wissenschaftlichen Frage bei.
	… weist auf soziale/politische/gesellschaftliche Ungleichheiten hin.
Forschungsstand	… identifiziert und eine wichtige Lücke in der Literatur.
	… kombiniert/integriert bisher getrennte/unabhängige Literaturströme.
	… arbeitet alle bisherigen Ansätze zum Thema auf.
Theorie	… entwickelt ein neues Theoriemodell.
	… präsentiert eine neue/alternative theoretische Antwort.
	… präzisiert vorhandene Ansätze.
Daten und Methoden	… beruht auf neuen quantitativen/qualitativen Daten.
	… nutzt einen neuen methodischen Ansatz.
	… wendet ein innovatives Forschungsdesign an.
Ergebnisse	… bekräftigt/bestätigt theoretische Argumente.
	… qualifiziert/widerlegt bisherige Ergebnisse.
	… schließt eine wichtige Lücke.

aufsätze genauer anschaut, wird zudem feststellen, dass einige Wissenschaft-ler:innen versuchen in jedem der einzelnen Punkte ein Verkaufsargument vorzu-bringen. Tatsächlich ist es aber selbst bei den besten Aufsätzen so, dass sich die wichtigsten Alleinstellungsmerkmale auf eine oder zwei (höchstens drei) Kate-gorien konzentrieren.

Die Alleinstellungsmerkmale studentischer Forschung können sich prinzipiell in jeder Kategorie ergeben. Die Sätze in Tab. 6.1 sollten dabei nur als Inspiration herangezogen und nicht wörtlich übernommen werden. Wie wir bereits in Abschn. 2.2 bemerkt haben, zeichnen sich Arbeiten von Studierenden zum Bei-spiel darin aus, dass sie sich oft mit aktuellen Themen beschäftigen, die bisher keine wissenschaftliche Aufmerksamkeit erfahren haben. Studierende können durch die intensive Auseinandersetzung mit der Literatur (bspw. im Rahmen einer Masterarbeit) aber auch Inkonsistenzen und Lücken im bisherigen Forschungsstand aufdecken oder Ideen für neue theoretische Argumente ent-wickeln. Genauso ist es aber nicht ausgeschlossen, dass der Hauptbeitrag einer Arbeit in ihrer Nutzung neuer Daten und Methoden liegt oder die Analyse be-merkenswerte Ergebnisse liefert. Egal was nun das aussagekräftigste Verkaufs-argument für die Arbeit ist – ist es einmal identifiziert, wird es zum Leitsatz für die weitere Überarbeitung.

6.2   Einen Abstract schreiben

Ein Abstract ist die Zusammenfassung eines Aufsatzes in ungefähr 150 bis 300 Worten. Das Ziel eines Abstracts ist es, potenzielle Leser:innen in nur wenigen Worten für den Aufsatz zu begeistern und die wichtigsten Inhalte zu vermitteln. Zusammen mit dem Titel der Arbeit ist er immer frei verfügbar, auch wenn die Arbeit nicht in einer Open-Access-Zeitschrift erscheint (vgl. Abschn. 4.4). Es ist ein offenes Geheimnis, dass Wissenschaftler:innen bei der Literaturrecherche von vielen Aufsätzen zunächst nur die Abstracts lesen und sich erst danach entscheiden, welche Auswahl sie sich genauer anschauen. Auch Herausgeber:innen von Fachzeitschriften, die viele Einreichungen sichten müssen, entscheiden oft nur auf der Basis des Abstracts, welche Manuskripte für eine Begutachtung in Frage kommen. Je früher sich Autor:innen also mit ihrem Abstract beschäftigen und dafür sorgen, dass er die wichtigsten Punkte der Arbeit klar herausstellt, desto besser.

Möglicherweise haben Studierende für ihre Haus- oder Abschlussarbeit bereits einen Abstract geschrieben – für die spätere Publikation wird er in jedem Fall benötigt. Auch wenn der Abstract die Arbeit zusammenfasst, sollte dieser nicht erst am Ende des Überarbeitungsprozesses verfasst werden. Die Erstellung eines Abstracts zu Beginn der Überarbeitung zwingt zum Fokus auf die Kernelemente und -aussagen der Arbeit und hilft so im weiteren Überarbeitsprozess, Wichtiges von Unwichtigem zu unterscheiden. Dabei sollte der Abstract die Arbeit so zusammenfassen, wie sie später in überarbeiteter Form aussehen soll. Auch wenn die Einleitung und das Fazit vieler Arbeiten schon Zusammenfassungen enthalten, ist es deswegen nicht ratsam diese einfach zu kopieren. Somit gibt der Abstract den roten Faden für den gesamten Aufsatz vor und dient dazu, die Überarbeitung des Manuskripts vorzustrukturieren. Diese Technik wird übrigens auch bei der Konzeption vollständig neuer Aufsätze verwendet und als *Abstracting* bezeichnet.

Generell wird zwischen unstrukturierten und strukturierten Abstracts unterschieden. Unstrukturierte Abstracts fassen einen Aufsatz in Form eines zusammenhängen Fließtextes zusammen und finden sich in den meisten sozialwissenschaftlichen Fachzeitschriften. Die Länge unterscheidet sich von Zeitschrift zu Zeitschrift. Studierende können sich zu diesem Zeitpunkt auch schon einmal mit den Anforderungen der Zeitschrift vertraut machen, bei der sie ihre Arbeit später einreichen möchten (siehe auch Abschn. 8.1). In Ratgebern zum wissenschaftlichen Schreiben, aber auch auf den Webseiten großer Wissenschaftsverlage finden sich eine Vielzahl von Kriterien für gute Abstracts. Diese können gerade an diesem Punkt der Überarbeitung schnell verwirrend wirken, laufen aber oft vor allem darauf hinaus, dass Abstracts zwei Was-und-Warum-Fragen beantworten müssen:

(1) Was wird untersucht und warum? (2) Was sind die Ergebnisse und warum sind sie wichtig? Die wichtigsten Kriterien für die inhaltliche Gestaltung von unstrukturierten Abstracts lassen sich ebenfalls in wenigen Punkten zusammenfassen:

* Struktur: Informationen werden in einer logisch strukturierten Reihenfolge präsentiert.
* Fokus: Der Abstract enthält nur die Informationen zum Aufsatz, die für ein allgemeines Verständnis wichtig sind.
* Präzision: Argumente werden klar ausgeführt und Ergebnisse werden konkret benannt.
* Klarheit: Fachbegriffe und Konzepte werden auf ein Minimum beschränkt und bei Verwendung (kurz) erklärt. Dabei werden keine Quellen zitiert.

Studierenden können beim ersten Entwurf eines unstrukturierten Abstracts unsere Vorlage verwenden. Diese Vorlage sollte jedoch in keinem Fall als Lückentext verstanden werden. Sowohl die Inhalte (in eckigen Klammern) als auch die Formulierungen sollten eigenständig ausformuliert und angepasst werden.

Vorlage für einen unstrukturierten Abstract

[Allgemeines Thema] ist [aus diesen Gründen] besonders relevant. In der bestehenden Forschung hat sich allerdings noch niemand mit [Forschungslücke des Aufsatzes] beschäftigt. Dieser Aufsatz [basiert auf diesen Annahmen/dieser theoretischen Perspektive] und [formuliert diese Argumente/leitet folgende Hypothesen ab]. Die Untersuchung basiert auf [diesen qualitativen/quantitativen Daten] von [diesem Fall/diesen Fällen]. Die Analyse wendet [passende Methoden] an, um [die Annahmen/Hypothesen] zu überprüfen. Diese Analyse zeigt [das wichtigste Ergebnis] und bestätigt [einige Annahmen/Hypothesen], jedoch nicht [andere Annahmen/Hypothesen]. Die Ergebnisse erweitern unser Wissen zu [spezifischen Aspekte des Themas] und tragen ebenfalls zur Diskussion über [weitere Aspekte des Themas und verwandter Themen] bei. ◄

Im Gegensatz zum unstrukturierten Abstract ist ein strukturierter Abstract nicht als Fließtext geschrieben. Stattdessen folgt er einem festgelegten Format, das die wichtigsten Aspekte eines Aufsatzes in klar definierten Abschnitten hervorhebt. Ursprünglich stammt diese Form des Abstracts aus der Medizin und sollte Ärzt:innen dabei helfen, schnell relevante Fallberichte und Forschungsergebnisse zu identifizieren. Auch wenn diese Form in den Sozialwissenschaften insgesamt weniger gebräuchlich ist, findet sie sich dennoch in einigen Zeitschriften. Der Vorteil des strukturierten Abstracts ist es, dass sich Leser:innen durch die standardisierte Struktur schnell mit dem Inhalt spezifischer Teileelemente eines Aufsatzes verschaffen können. Die genauen Abschnitte variieren je nach Fachgebiet und den Anforderungen der Zeitschrift. Typischerweise sind folgende Elemente enthalten, zu denen jeweils ein bis zwei Sätze formuliert werden:

- Hintergrund/Relevanz
- Ziel der Arbeit/Fragestellung
- Daten und Methoden
- Ergebnisse
- Schlussfolgerung/Fazit

Wie auch beim unstrukturierten Abstract haben wir eine Vorlage erstellt, die eine typische Gestaltung strukturierter Abstracts enthält. Studierende sollten bei der Verwendung beachten, dass strukturierte Abstracts oft konkretere Angaben über Daten, Methoden und Ergebnisse enthalten als unstrukturierte Abstracts.

Vorlage für einen strukturierten Abstract

Hintergrund:
[Das Phänomen] hat aus [diesen Gründen] an Relevanz zugenommen. Dabei ist insbesondere [spezifischer Aspekt/Einflussfaktor] noch nicht hinreichend untersucht worden.

Ziel der Arbeit:
Ziel der Arbeit ist es herauszufinden, wie sich [spezifische/r Einflussfaktor/en] auf [das soziale Phänomen] auswirken und diese [weiteren Fragen] zu beantworten.

Daten und Methoden:
Die Arbeit nutzt [diese Daten], die sich auf [diesen Fall/diese Fällen] beziehen. Es wird [ein passendes Analyseverfahren mit diesen Spezifikationen] angewandt, um die Wirkung von [spezifische/r Einflussfaktor/en] auf [das Phänomen] zu untersuchen.

Ergebnisse:
Die Ergebnisse zeigen, dass [die zuvor spezifizierten Variablen/Faktoren] diesen [spezifischen Einfluss] auf [das untersuchte Phänomen] haben. Insbesondere zeigt sich [konkrete Beschreibung von Effekten und Ergebnissen].

Schlussfolgerungen:
Der Aufsatz zeigt [allgemeines Ergebnis]. Hieraus ergeben sich [diese konkreten Implikationen] für [die Forschung/für die Praxis]. ◀

Wer sich bei der Erstellung des Abstracts an den oben genannten Kriterien orientiert, kann bei der weiteren Überarbeitung des eigenen Manuskripts auf eine solide Grundlage zurückgreifen. Bei jedem Abschnitt des Aufsatzes kann abgeglichen werden, ob dieser eindeutig zum Abstract passt bzw. ob Leser:innen die Relevanz des Abschnitts für die gesamte Arbeit erkennen können. Im Laufe der Überarbeitung kann es übrigens vorkommen, dass der Plan angepasst werden muss – z. B. wenn sich noch ein besseres theoretisches Argument findet oder eine genauere Betrachtung der Analyse die Schlussfolgerungen modifiziert. Dies ist aber nicht weiter schlimm: Der angepasste Plan kann dann als Maßstab und Richtschnur auch an bereits überarbeitete Kapitel angelegt werden und erfüllt immer noch seinen Zweck.

Studierende, die sich nun an die schrittweise Überarbeitung ihrer eigenen Qualifikationsarbeit begeben wollen, sollten an dieser Stelle eine kurze Pause einlegen, um die Verkaufselemente ihrer Arbeit zu identifizieren und einen ersten Abstract zu schreiben. Als Hilfestellung gibt es dazu Übungsfragen und weiterführende Literatur im Anhang dieses Kapitels.

6.3   Die Überarbeitung der einzelnen Aufsatzelemente

In den folgenden Abschnitten gehen wir Schritt für Schritt auf die einzelnen Elemente eines typischen sozialwissenschaftlichen Aufsatzes ein. Neben einer allgemeinen Diskussion nutzen wir dabei jeweils den Fragen-Dreischritt *Was bleibt? – Was muss überarbeitet werden? – Was muss gehen?*, um konkrete Impulse zur Überarbeitung zu formulieren. Unsere Hinweise sollten dabei aber nicht als allgemeingültige Regeln verstanden werden – kein Aufsatz ist schließlich genau wie der andere und manchmal kann es sogar sinnvoll sein, von der Norm abzuweichen, um die Originalität der eigenen Arbeit herauszustellen. Dies bedeutet allerdings auch, dass der Überarbeitungsaufwand je nach Manuskript sehr unterschiedlich ausfallen kann. Während einige Qualifikationsarbeiten lediglich gekürzt werden müssen, ist es bei anderen erforderlich, ganze Kapitel grundlegend zu ändern oder gar neu zu schreiben. Auch wenn wir im Folgenden die Überarbeitung der einzelnen Kapitel chronologisch besprechen, können diese auch unabhängig voneinander und in einer anderen Reihenfolge überarbeitet werden. In jedem Fall sollten Autor:innen aber sicherstellen, dass sich die Inhalte der einzelnen Abschnitte mit dem zuvor formulierten Abstract decken und somit durchgehend ein roter Faden zu erkennen ist.

6.3.1 Einleitung

Die Einleitung ist neben dem Abstract das „Schaufenster" für jeden wissenschaftlichen Aufsatz und entscheidet darüber, ob andere Wissenschaftler:innen die Arbeit weiterlesen. Genau wie in Haus- und Abschlussarbeiten stellt die Einleitung im Fachaufsatz das Thema und die Forschungsfrage vor und gibt einen Ausblick auf den Aufbau und den Inhalt der Arbeit. Vor allem sollte dabei die wissenschaftliche und gesellschaftliche Relevanz des Vorhabens detailliert dargestellt werden, insbesondere durch Verweis auf zentrale Literatur. Die Unterschiede ergeben sich hier insbesondere aus der Schwerpunktsetzung und der Anpassung an ein anderes Publikum.

Was bleibt? Die Forschungsfrage sowie die Herleitung derselben können in den allermeisten studentischen Arbeiten auch für den Aufsatz weitgehend erhalten bleiben. Gerade konkrete Beispiele, die die Aktualität der Arbeit herausstellen, sollten auf jeden Fall behalten werden. Wie schon in Abschn. 2.2 dargestellt, kann dies durchaus ein gewinnbringendes Alleinstellungsmerkmal studentischer Forschung sein. Weiterhin können die Zusammenfassung der Argumentation, die Beschreibung der Vorgehensweise und der Ergebnisse aus der zugrunde liegenden Qualifikationsarbeit übernommen werden. Wichtig: Auch wenn der Abstract schon einen Ausblick auf die Arbeit gibt, muss die Einleitung später auch ohne Kenntnis des Abstracts verständlich sein. Abstract und Einleitung erfüllen ähnliche Funktionen, sollten aber immer unabhängig voneinander gedacht werden.

Was muss überarbeitet werden? Viele Haus- und Abschlussarbeiten enthalten eine äußerst ausführliche Herleitung der Forschungsfrage – die Frage selbst wird somit oft erst nach mehr als der Hälfte der Einleitung präsentiert. Für einen Fachaufsatz ist es ratsam, die Hinleitung auf die wichtigsten Punkte (z. B. aktuelle Beispiele) zu beschränken und den Leser:innen so schon frühzeitig mitzuteilen, worum es genau geht. Tatsächlich ist es in einigen Disziplinen auch nicht ungewöhnlich, die Einleitung mit der Frage zu beginnen und die Herleitung in den ersten beiden Absätzen nachzuliefern.

Bei studentischen Qualifikationsarbeiten spielt zudem die Darstellung der wissenschaftlichen Relevanz der Arbeit in der Einleitung oft eine untergeordnete Rolle. Auch wenn die Forschungslücke erst im Literaturüberblick detailliert herausgearbeitet wird, ist es wichtig, bereits hier darauf hinzuweisen. Es reicht nicht aus anzumerken, dass noch niemand etwas zu dem jeweiligen Thema geschrieben hat. Vielmehr muss hier zugespitzt erklärt werden, zu welchen Forschungsdebatten die Arbeit spricht und warum diese ein lohnenswertes Unterfangen darstellt.

Schließlich muss die Einleitung einen Ausblick auf die Ergebnisse der Arbeit beinhalten. In einer idealen Welt würden Wissenschaftler:innen natürlich immer den ganzen Aufsatz lesen, um die Ergebnisse der Arbeit zu erfahren. In der Praxis haben sie allerdings oft nur wenig Zeit und müssen schnell feststellen, ob der Aufsatz für ihre eigene Forschung relevant ist. Autor:innen sollten hier allerdings nicht nur die Ergebnisse nennen, die ihre Argumente bestätigen – durch den gezielten Hinweis auf abweichende oder widersprüchliche Ergebnisse kann nicht nur Interesse geweckt, sondern auch die Erwartungshaltung der Leser:innen gezielt gesteuert werden.

Was muss gehen? Einleitungen sollten so gestaltet sein, dass auch Leser:innen ohne spezifische Expertise im jeweiligen Thema diese problemlos verstehen können. Die Einleitung sollte keine Ausführungen enthalten, deren Bedeutung sich erst durch die Lektüre des restlichen Aufsatzes erschließt. Wenn solch ein Vorgriff unvermeidbar ist, sollte jeweils genug Kontext oder Erklärung gegeben werden. Schließlich sollten jegliche Verweise auf die Lehrveranstaltung oder Hochschule entfernt werden, in der die Arbeit entstanden ist – dies ist für andere Wissenschaftler:innen nicht nur irrelevant, sondern kann auch die Anonymität des Begutachtungsprozesses gefährden (siehe Kap. 4). Ebenso ist hier eine Beschreibung der persönlichen Motivation für die Arbeit oder eine subjektive Bewertung der Ergebnisse (bzw. anderer Elemente der Arbeit) generell fehl am Platz.

6.3.2   Forschungsstand

Der Forschungsstand dient in Qualifikationsarbeiten zur Dokumentation einer eigenständigen Literaturrecherche und der Kenntnis der relevanten Literatur im Themenbereich der Arbeit. Im Fachaufsatz nimmt dieses Kapitel jedoch eine andere Funktion ein – es zeigt, wo die Autor:innen selbst ihre Forschung verorten und beschäftigt sich strategisch vor allem mit den Quellen, die im weiteren Verlauf der Arbeit (insbesondere im Theoriemodell) relevant werden. Gemeinsam ist diesem Kapitel in beiden Arten von Arbeiten, dass sie eine Forschungslücke aufzeigen.

Was bleibt? Wer es schon in der Haus- oder Abschlussarbeit geschafft hat, überzeugend eine Lücke in der bisherigen Forschung darzustellen, sollte dies in jedem Fall behalten. Genauso ist es lohnenswert die generelle Struktur (z. B. die Aufteilung der Literatur in unterschiedliche Strömungen) beizubehalten. Dies ist allerdings nur der Fall, wenn die Struktur selbst erarbeitet wurde und tatsächlich geradlinig auf die Forschungslücke hinführt. Der Forschungsstand in Qualifizierungsarbeiten nimmt oft einen größeren Anteil ein als in publizierten Aufsätzen und eignet sich somit besonders zum Kürzen, falls die Vorgaben der jeweiligen Zeitschrift es verlangen. Das Kürzen sollte sich hier aber zunächst auf die inhaltliche Wiedergabe der einzelnen Quellen beschränken. Die größere Breite der Literaturauswahl in studentischer Forschung ist oft ein großer Vorteil – hier sollten Autor:innen also überlegen, ob sie einige Forschungsstränge noch prägnanter zusammenfassen können, anstatt sofort die Zitationen zu löschen. **Was muss überarbeitet werden?** Bei der Überarbeitung des Literaturüberblicks sollte zunächst die Struktur ins Auge genommen werden. Gerade am Anfang des Studiums bauen Studierende dieses Kapitel weitgehend chronologisch auf und stellen die Entwicklung der Forschung zum Thema im Zeitverlauf dar. Diese Vorgehensweise ist aber nur selten sinnvoll. Stattdessen sollte der Literaturüberblick besser nach der theoretischen oder methodologischen Herangehensweise der Autor:innen oder nach dem spezifischen Fokus der Analyse strukturiert werden. Auch wenn sich in Handbüchern oder Review-Aufsätzen häufig Zusammenfassungen der Literatur in einem Forschungsfeld finden, sollte diese Struktur nicht ohne Weiteres übernommen werden. Es gibt nämlich keine objektive oder allgemeingültige Ordnung des Forschungsstands. Die Struktur des Literaturüberblicks sollte sich daher immer nach dem Erkenntnisinteresse der Arbeit richten und Quellen müssen entsprechend jedes Mal neu geordnet werden. Nur durch einen individuell strukturierten Forschungsstand ist es möglich, eine Forschungslücke angemessen aufzuzeigen.

Studierende räumen in Qualifikationsarbeiten aktueller Forschung und den letzten inhaltlichen oder methodischen Entwicklungen häufig zu wenig Platz ein. Dafür werden ältere Quellen sehr viel ausführlicher zusammengefasst und diskutiert als dies in publizierten Fachaufsätzen der Fall ist. Zwar ist es wichtig, die jeweiligen „Klassiker" zu nennen, d. h. die Quellen, die auch von allen anderen Autor:innen im Feld zitiert werden. Der Schwerpunkt des Literaturüberblicks in einem Fachaufsatz sollte jedoch auf neuerer Literatur liegen. Hierbei ist es hilfreich sich an der Literaturauswahl eines kürzlich erschienen Aufsatzes im Themenfeld der eigenen Arbeit zu orientieren. Während Studierende bei einer Haus- oder Abschlussarbeit den Prüfer:innen noch demonstrieren müssen, dass sie diese Quellen kennen, wird dies bei publizierter Forschung vorausgesetzt und muss nicht mehr in gleichem Maße dokumentiert werden. Viel wichtiger ist es zu zeigen, dass Autor:innen mit der internationalen (d. h. englischsprachigen) Literatur vertraut sind – eine Arbeit, die nur auf deutschsprachigen Quellen basiert, wird das Forschungsfeld nie vollständig abdecken können und so bei anderen Wissenschaftler:innen nur auf wenig Interesse stoßen.

Was muss gehen? Ein Literaturüberblick dient immer der Suche nach Anhaltspunkten für eine wissenschaftlich fundierte Antwort auf die Forschungsfrage. Es geht also nicht darum, die gesamte Forschung zu einem bestimmten Thema darzustellen. Lange Zusammenfassungen von Quellen leisten oft keinen Beitrag zur Beantwortung der Forschungsfrage. Sie sollten dementsprechend gestrichen werden. Genauso sollte die Qualität der ausgewählten Quellen kritisch geprüft werden – populärwissenschaftliche Quellen oder andere Publikationen, die keinen wissenschaftlichen Begutachtungsprozess durchlaufen haben, stellen hier keine geeignete Grundlage dar. Abschließend lohnt es sich, jedes wörtliche Zitat auf seine Notwendigkeit zu überprüfen – im Idealfall fassen Autor:innen Quellen in eigenen Worten zusammen und zeigen so, dass sie den Inhalt vollständig verstanden haben (siehe auch Abschn. 7.3).

6.3.3   Theorien und Konzepte

Jeder vollständige wissenschaftliche Aufsatz in den Sozialwissenschaften besitzt einen theoretischen und/oder konzeptionellen Rahmen. Je nach Disziplin und Fokus der Arbeit kann es hier jedoch große Unterschiede geben. Studierende, die sich an die Überarbeitung dieses Abschnitts begeben, sollten sich hier an Aufsätzen aus ihrem jeweiligen Forschungsgebiet orientieren, um zu sehen, welche Hinweise für sie mehr oder weniger relevant sind. In jedem Fall ist es so, dass der theoretische Rahmen in Fachaufsätzen deutlich enger mit dem Forschungsstand verzahnt ist als in vielen studentischen Qualifikationsarbeiten. Teilweise werden sie sogar in einem Kapitel kombiniert und nur durch thematische Zwischenüberschriften voneinander abgegrenzt. In manchen Unterdisziplinen kann der theoretische Rahmen auch vor dem Forschungsstand dargestellt werden.

Was bleibt? In empirisch-analytischen Arbeiten kommt nahezu ausschließlich erklärende Theorie zum Einsatz, d. h. es werden Erwartungen über die Zusammenhänge zwischen zwei oder mehr Variablen formuliert, die später empirisch überprüft werden. Da theoretische Modelle den Rahmen für eine Antwort auf die Forschungsfrage formulieren, können die hier identifizierten Variablen auch die Grundlage für das Konzept- und Theoriekapitel im Aufsatz bilden. In den meisten studentischen Arbeiten sind Erwartungen über Wirkungszusammenhänge – ganz gleich, ob sie nun in Form von Hypothesen, forschungsleitenden Annahmen oder anders formuliert wurden – schon sehr gut ausgearbeitet. Insbesondere wenn sie als Teil der Vorbesprechung schon mit Dozierenden abgeklärt und verfeinert wurden, sollten sie ohne große Veränderung in den Aufsatz übernommen werden können.

Was muss überarbeitet werden? Viele Studierende beginnen ihr Theoriekapitel mit ausführlichen Definitionen (siehe auch „Was muss gehen?"). Anstatt verschiedene Konzeptionen eines Begriffs lange abzuwägen, genügt es häufig die passende Quelle zu zitieren. Gerade bei etablierten Konzepten (z. B. Sozialkapital, Demokratie) erkennen andere Wissenschaftler:innen schon an diesen Hinweisen, wie der jeweilige Begriff in der vorliegenden Arbeit verwendet wird. Hierfür ist es allerdings wichtig, dass auch die Originalquellen zitiert wird und nicht allein die Sekundärliteratur – wie auch in der gesamten Arbeit.

In vielen studentischen Qualifikationsarbeiten gleichen Theoriemodelle einer Aneinanderreihung von potenziellen Einflussfaktoren auf das untersuchte Phänomen. Bei der Überarbeitung sollten Autor:innen darauf achten, dass sich alle Erwartungen aus Kausalmechanismen ergeben, die auf den gleichen theoretischen Annahmen beruhen. Selbst wenn einige Hypothesen oder Annahmen direkt aus der Literatur übernommen werden, sollte ihre Herleitung nochmals dargestellt und in den eigenen theoretischen Rahmen eingepasst werden. Das oberste Ziel ist dabei nicht, eine allumfassende Theorie des gesamten Themas aufzustellen (dies wäre in einem einzigen Aufsatz auch gar nicht möglich), sondern einen möglichst kohärenten und logisch konsistenten theoretischen Rahmen zu formulieren. Damit dieser Rahmen nicht nur konsistent, sondern auch plausibel ist, sollten Annahmen immer mit Verweis auf bestehende Literatur formuliert werden.

Zum Schluss sollten Autor:innen sicherstellen, dass sie den Anwendungsbereich ihres theoretischen Rahmens klar definieren. Oft haben Studierende beim Verfassen des Theoriekapitels nur die Fälle im Sinn, die die Grundlage für ihre spätere Analyse darstellen. Daher enthalten Haus- und Abschlussarbeiten oft keine Reflexion über die tatsächliche Reichweite der eigenen Argumente. Während dies in rein studentischen Texten auch nicht immer gefordert wird, stellt dies ein notwendiges Element in Fachaufsätzen dar. Damit andere Wissenschaftler:innen den Aufsatz für ihre eigene Forschung verwenden können, müssen sie nämlich wissen, inwiefern sich die Argumente auch auf andere Fälle übertragen lassen und welche Annahmen dem möglicherweise entgegenstehen.

Was muss gehen? Wie auch der Forschungsstand sollte der theoretische Rahmen strategisch auf die Beantwortung der Forschungsfrage ausgerichtet sein. Lange (Unter-)Kapitel zu Begriffsdefinitionen sind ein typisches Element in studentischen Qualifizierungsarbeiten, das jedoch nur selten zu diesem Zweck beiträgt. In einer Haus- oder Abschlussarbeit können diese Abschnitte durchaus wichtig sein, um ein vertieftes Verständnis des Forschungsstand zu demonstrieren. In einem Fachaufsatz sind diese Elemente aber nur dann relevant, wenn sie den eigentlichen Fokus der Arbeit darstellen – daher können sie in den meisten Fällen gestrichen oder durch gezielte Zitation von Quellen (siehe „Was muss überarbeitet werden?") ersetzt werden.

6.3.4   Forschungsdesign und Methoden

Eine vollständige Darlegung des eigenen Vorgehens ist ein Kernbestandteil einer jeder wissenschaftlichen Arbeit – andere Wissenschaftler:innen müssen immer nachvollziehen und überprüfen können, wie die zugrunde liegenden Daten erhoben wurden und wie Schlussfolgerungen zustande gekommen sind. Dementsprechend kommt dem Kapitel zu Forschungsdesign und Methoden in jedem Aufsatz eine besondere Bedeutung zu. Interessanterweise ist es dennoch so, dass dieser Abschnitt in Fachaufsätzen vergleichsweise kurz gehalten wird – solange alle wichtigen Elemente erhalten bleiben, bietet dieses Kapitel also ein gewisses Kürzungspotenzial, wenn die Längenvorgaben einer Zeitschrift dies erfordern.

Was bleibt? Ein wichtiger Teil des Forschungsdesigns ist die Fallauswahl. Dieser Teil ist in Qualifikationsarbeiten und Fachaufsätzen oft ähnlich ausführlich und kann deshalb problemlos übernommen werden. Studierende sollten darauf achten, dass sie hier auch noch einmal die Argumente und Erklärungen kurz erwähnen, die schon an anderer Stelle (z. B. in der Einleitung oder dem Literaturüberblick) genannt wurden. Selbst wenn es sich um eine Einzelfallstudie handelt, ist es in vielen Disziplinen üblich an diesem Punkt noch einmal die Relevanz des spezifischen Falls zu erläutern und gegebenenfalls in einen größeren Kontext einzuordnen. Die Operationalisierung von Konzepten und die Beschreibung der Datenerhebung muss – unabhängig davon, ob es sich um quantitative oder qualitative Forschung handelt – ebenfalls nicht grundlegend geändert werden. Soweit Studierende komplexe Forschungsdesigns oder Methoden zur Auswertung ihrer Daten verwenden, kann die Beschreibung derselben ebenfalls meist Teil des Aufsatzes bleiben. Bei gängigen Verfahren, die den meisten Wissenschaftler:innen geläufig sind, sollte jedoch keine detaillierte Darstellung erfolgen. Eine einfache Nennung reicht hier aus (siehe „Was muss gehen?").

Was muss überarbeitet werden? Die größte Herausforderung in der Überarbeitung dieses Kapitels ist es, eine stärkere Fokussierung herzustellen. Studierende beschreiben hier oft ausführlich jeden einzelnen Schritt der Datensammlung und -analyse. Das ist durchaus verständlich, denn schließlich ist oft viel Arbeit in diesen Teil der Arbeit geflossen. In einem Fachaufsatz ist jedoch das Ergebnis deutlich wichtiger als der Prozess. Die Qualität und die Breite/Tiefe der Daten nehmen für Wissenschaftler:innen oft einen deutlich höheren Stellenwert ein als der Weg, auf dem sie erreicht wurden – es sei denn, es handelt sich um eine besonders innovative methodische Herangehensweise. Daher sollten Autor:innen hier nur präzise auf die jeweils relevanten Kriterien oder Kennzahlen eingehen, weitere Details aber auch Materialien wie Codebücher oder Interviewleitfäden – können dafür im Anhang bereitgestellt werden (siehe Abschn. 6.3.7).

In Haus- und Abschlussarbeiten wird von Studierenden gefordert, dass eigene Vorgehen nicht nur zu dokumentieren, sondern Schwächen und Probleme zu reflektieren. Da es in einem Fachaufsatz jedoch darum geht, die eigene Leistung zu verkaufen, muss hier entsprechend vorsichtig vorgegangen werden. In keinem Fall sollte der Eindruck aufkommen, dass die Analyse mit so vielen Schwächen behaftet ist, dass auf die Ergebnisse kein Verlass ist. Solche Ausführungen müssen aber nicht unbedingt vollkommen gestrichen werden. Bei der Überarbeitung sollten Autor:innen allerdings die Perspektive wechseln und erklären, warum die gewählte Vorgehensweise und die Methoden trotz einiger Einschränkungen den besten Weg darstellen. Auch eine selbstbewusste Darstellung der Stärken des eigenen Aufsatzes muss also Schwächen nicht verschweigen.

Was muss gehen? Studierende holen in ihrer Erläuterung der gewählten methodologischen Vorgehensweise oft sehr weit aus und arbeiten dabei sehr grundsätzliche Fragen auf, z. B. den Unterschied zwischen quantitativer und qualitativer Forschung. In wissenschaftlichen Publikationen wird ein tiefer gehendes Verständnis gängiger Ansätze und Methoden allerdings vorausgesetzt und ist daher für potenzielle Leser:innen weniger relevant. Ähnliches gilt für die Erläuterung gängiger Methoden und ihrer Grundlagen. So werden Leser:innen eines quantitativen Aufsatzes wissen, was eine Regressionsanalyse ist und es muss nur noch erklärt werden, welches spezifische Model Anwendung findet. Ebenso müssen Autor:innen eines qualitativen Aufsatzes nicht mehr das Prinzip eines leitfadengestützten Interviews erklären, sondern der Fokus liegt auf der konkreten Umsetzung. Bei der Analyse von Sekundärdaten reichen bereits wenige Angaben zu Daten und Erhebungsmethoden – hier kann einfach auf die dazugehörigen Primärquellen verwiesen werden.

6.3.5   Analyse und Ergebnisse

Der Analyse- und Ergebnisteil ist das Herzstück vieler Fachaufsätze – schließlich geht es hier um die Aspekte der Forschung, für die sich die meisten Wissenschaftler:innen interessieren. Daher sollte in diesem Bereich auch möglichst wenig gekürzt werden. Im Normalfall müssen Studierende hier auch nur noch sehr wenig verändern. Sie sollten jedoch das Feedback von Dozierenden beachten und alle Ergebnisse noch einmal sorgfältig überprüfen – ist ein Fehler einmal publiziert, kann er meist nur noch dadurch korrigiert werden, dass der gesamte Aufsatz zurückgezogen wird.

Was bleibt? In den meisten Fällen können Studierende die Struktur und den Inhalt ihrer Analyse ohne viele Änderungen übernehmen. Wenn in der

Qualifikationsarbeit Methoden korrekt angewandt und Ergebnisse richtig interpretiert wurden, ist die meiste Arbeit schon getan. Genauso können Tabellen und Grafiken hier übernommen werden – bei der Formatierung sollten jedoch die Vorgaben der jeweiligen Zeitschrift beachtet werden (wenn es keine gibt, können Autor:innen auch bereits veröffentlichte Aufsätze als Vorlage zur Hand nehmen; siehe auch Abschn. 7.5).

Was muss überarbeitet werden? Im Idealfall hält sich die Überarbeitung dieses Kapitels in Grenzen – insbesondere bei sehr guten Haus- und Abschlussarbeiten ist im Vergleich zu anderen Abschnitten deutlich weniger zu tun. Dennoch gibt es auch hier einiges zu beachten. Ganz allgemein ist es so, dass Autor:innen in Fachaufsätzen häufig versuchen, mit ihrer Analyse eine Geschichte zu erzählen. Dazu werden die Beschreibung und Interpretation der Ergebnisse deutlich enger miteinander verwoben. Anstatt die Ergebnisse erst zu beschreiben und in einem zweiten Schritt ihre Bedeutung für die Theorie zu diskutieren, richtet sich das Vorgehen im Analyseteil eng an der Forschungsfrage aus. Jedes Einzelergebnis wird hierbei sowohl in Bezug auf die jeweilige Hypothese als auch im Hinblick auf das Gesamtergebnis und übergeordnete Erkenntnisinteresse der Arbeit interpretiert. Ebenso können Autor:innen eine engere Verbindung mit dem Literaturüberblick schaffen, wenn sie im Rahmen der Analyse auf gleichlautende oder abweichende Ergebnisse in publizierter Forschung hinweisen.

Was muss gehen? Im Gegensatz zu den anderen Abschnitten von Haus- und Abschlussarbeiten finden sich in diesem Teil meist keine größeren Elemente, die in einem Fachaufsatz keinen Platz haben. Im Sinne einer fokussierten Analyse sollten Autor:innen jedoch auf jegliche Analysen oder Exkurse verzichten, die nicht direkt auf die Beantwortung der Forschungsfrage abzielen. Teilweise können letztere im Anhang einen Platz finden, aber selbst dann muss eine direkte Relevanz für die Analyse gegeben sein. Bei quantitativer Forschung gilt dies beispielsweise für deskriptive Auswertungen und bivariate Analysen, die ausschließlich zur Demonstration der eigenen Fähigkeiten in die Arbeit aufgenommen wurden. Wer in der Analyse viele Tabellen und Grafiken nutzt, sollte sich außerdem überlegen, welche davon tatsächlich notwendig sind. Insbesondere in Bachelor- und Masterarbeiten werden deskriptive Statistiken oft sowohl in Tabellen dargestellt als auch in Form von Abbildungen. Bei Doppelungen sollte man sich hier für eine der beiden Formen entscheiden – in jedem Fall sollte sich aber im Text keine reine Wiederholung von Informationen aus Tabellen oder Grafiken finden. Zwar ist es möglich auf einzelne Werte hinzuweisen und sie zu interpretieren; jede Überlappung darüber hinaus ist jedoch wenig relevant.

6.3.6   Fazit und Diskussion

Das Abschlusskapitel bildet das Gegenstück zur Einleitung und muss somit alle dort aufgeworfenen Fragen wieder aufgreifen. Im Zentrum steht dabei eine klare Antwort auf die Forschungsfrage. Viele Wissenschaftler:innen lesen nach der Einleitung zunächst das Fazit, bevor sie entscheiden, ob sie die ganze Arbeit lesen. Somit sollten hier die Ergebnisse der Arbeit, aber auch die Implikationen klar herausgestellt werden. Je nach Disziplin und Art der Analyse, aber auch abhängig von den Vorlieben der Autor:innen, kann der Abschluss eines Fachaufsatzes sehr unterschiedlich aussehen. Einerseits finden sich getrennte Kapitel für Diskussion und Fazit (insbesondere dann, wenn die Diskussion der Ergebnisse nicht direkt in die Interpretation der Ergebnisse integriert wurde), anderseits kann es aber auch nur ein einziges Schlusskapitel geben. Unsere Hinweise gehen im Folgenden auf die zweite Variante ein, da sich hier der wissenschaftliche Beitrag der Arbeit leichter herausstellen lässt.

Was bleibt? Typischerweise wird im Fazit einer Haus- und Abschlussarbeit noch einmal die Forschungsfrage wiederholt sowie das Vorgehen der Arbeit und die Ergebnisse vorgestellt. Dies ist auch in Fachaufsätzen der Fall, sodass dieser Teil mehr oder weniger unverändert übernommen werden kann. Genauso werden an dieser Stelle in Qualifikationsarbeiten wie in Fachaufsätzen die wichtigsten Ergebnisse der Arbeit kurz dargestellt. Besonders wichtig ist dabei allerdings, dass es zu keiner Doppelung zwischen dem Abschluss der Analyse und dem Fazit kommt. In einer Masterarbeiten fällt eine solche Wiederholung selten auf und ist aufgrund des größeren Umfangs gegebenenfalls auch notwendig. In einem Aufsatz sollten hingegen nur die Highlights wiederholt werden. Um eine Doppelung zu vermeiden, sollten die praktische Relevanz der Ergebnisse und ihr Beitrag zur Schließung der Forschungslücke erst im Fazit diskutiert werden. Schließlich können grundsätzlich sowohl die Reflexion des eigenen Vorgehens als auch neu formulierte Forschungsperspektiven aus einer Qualifikationsarbeit für den Fachaufsatz übernommen werden (wenn auch mit einigen Änderungen – siehe folgende Absätze).

Was muss überarbeitet werden? In den meisten Qualifikationsarbeiten erstreckt sich das Fazit über mehrere Seiten, da Studierende ihre Arbeit noch einmal detailliert Revue passieren lassen. Wie bereits angemerkt, sollten Wiederholungen in jedem Fall vermieden werden – Autor:innen sollten aber auch weitergehende Ausführungen möglichst prägnant halten. In vielen studentischen Arbeiten werden Perspektiven für die weitere Forschung formuliert, jedoch beziehen sich diese häufig nur auf das spezifische Thema. Damit der Aufsatz auch für andere Wissenschaftler:innen interessant wird, müssen hier zunächst die Implikationen für die weitere Forschung formuliert werden: Welche Bedeutung haben die Ergebnisse der

Arbeit für das Verständnis des untersuchten Phänomens? Wie verändert es mög-
licherweise den gesellschaftlichen Umgang damit? Aus den Antworten auf diese
Fragen lassen sich dann konkrete Forschungsperspektiven entwickeln, die über die
Arbeit selbst hinausgehen.

Im Fazit muss neben der Darstellung der Ergebnisse und ihrer Bedeutung
selbstverständlich auch eine abschließende Abwägung der Grenzen der Arbeit und
ihrer Ergebnisse erfolgen. Ähnlich wie bei der Beschreibung des methodischen
Vorgehens (Abschn. 6.3.4) sollten studentische Autor:innen hierbei darauf achten,
die Stärken ihrer Arbeit herauszustellen und nicht an diesem Punkt noch Zweifel
an den Ergebnissen zu sähen. In keinem Fall sollten sich Leser:innen die Frage
stellen, warum offensichtliche Probleme nicht schon an einem früheren Zeitpunkt
angesprochen und behoben wurden.

Was muss gehen? Das Fazit sollte eine autoritative und weitgehend objektive
Schlussbetrachtung der Arbeit darstellen. Dies schließt nicht aus, dass Autor:innen
ihren persönlichen Beitrag zum wissenschaftlichen Diskurs selbstbewusst herausstellen. Gerade in Hausarbeiten zu Beginn des Studiums finden sich aber auch
Reflexionen des eigenen Lernprozesses oder Aufzählungen von persönlichen
Schwierigkeiten mit der Literatur oder Methoden, mit denen Studierende während
des Schreibens zu kämpfen hatten. Diese Ausführungen haben, genauso wie un-
begründete Spekulationen über die weitere Entwicklung des untersuchten Falls,
keinen Platz im Fazit eines Fachaufsatzes.

6.3.7   Anhang und weitere Materialien

Im Anhang werden zusätzliche Informationen zum Text bereitgestellt, die zwar
relevant, aber zum Verständnis der Arbeit als solche nicht unbedingt notwendig
sind. Inwiefern ein Anhang gefordert oder üblich ist, welche Form er hat und was
er enthält, kann stark variieren. Einige Zeitschriften sehen keine Anhänge oder die
Bereitstellung zusätzlicher Materialien (z. B. zur Replikation der eigenen Arbeit)
vor. Daher kann es sein, dass die folgenden Hinweise nicht auf jede Arbeit zutreffen.

Was bleibt? Die Informationen im Anhang sollten in allererster Linie die Dokumentation der Datenarbeit und die Nachvollziehbarkeit der Analyse unterstützen.
Typischerweise finden sich in Anhängen von Fachaufsätzen daher vor allem Elemente wie Codebücher, Interviewleitfäden, Robustheitstests oder Replikations-
material. Soweit diese Elemente für die Qualifikationsarbeit erstellt wurden, können
sie auch im Fachaufsatz in den Anhang aufgenommen werden. Bei umfangreichen
quantitativen oder qualitativen Analysen bietet es sich ebenfalls an, den Datensatz
als Anhang zur Verfügung zu stellen. Hierbei ist allerdings zu beachten, dass Daten-

sätze nicht in der Zeitschrift abgedruckt werden. Viele Fachzeitschriften stellen diese und andere Anhänge nur online bereit – Primärdatensätze werden dabei entweder bei der Einreichung im Portal der Zeitschrift hochgeladen oder es liegt in der Verantwortung der Autor:innen, diese über andere öffentliche Plattformen (z. B. das Repositorium der eigenen Universität) zugänglich zu machen.

Was muss überarbeitet werden? Anhänge sollten stets klar und kohärent strukturiert sein. Während Anhänge in Haus- und Abschlussarbeiten oft einfach nur verschiedene Elemente aneinanderreihen, sollte bei der Überarbeitung für den Fachaufsatz eine leicht verständliche Unterteilung und Bezeichnung der einzelnen Elemente durch aussagekräftige Zwischenüberschriften erfolgen. Diese Ordnung sollte sich an der Struktur des Aufsatzes orientieren und auch jeweils genügend Kontext geben, damit Leser:innen die verschiedenen Elemente schnell der richtigen Textstelle zuordnen können. Umgekehrt sollte auch im Haupttext präzise auf den Anhang hingewiesen werden und dabei ausreichend erläutert werden, welche spezifischen Informationen dort zu finden sind (z. B. „Für eine alternative Modellspezifikation ohne die ersten zwei Kontrollvariablen siehe Appendix A.3."). Ein solcher Hinweis kann auch in einer Fußnote erfolgen.

Was muss gehen? In studentischen Qualifikationsarbeiten enthalten Anhänge oft eine Vielzahl an Elementen, die aus verschiedenen Gründen keinen Platz im Haupttext der Arbeit gefunden haben. Anhänge dürfen allerdings weder zu einem Ablageort für ungeordnete Informationen oder Textfragmente werden, noch sollten sie Informationen, Tabellen oder Grafiken enthalten, die im Haupttext genannt und interpretiert werden.

6.4   Zusammenfassung

Auf dem Weg von der Haus- und Abschlussarbeit zur ersten wissenschaftlichen Publikation ist die inhaltliche Überarbeitung ein elementarer Schritt. Viele Qualifikationsarbeiten erfüllen schon zentrale Anforderungen an wissenschaftliche Aufsätze, aber dennoch gibt es noch einige Aspekte zu beachten. In diesem Kapitel haben wir konkrete Hinweise vorgestellt, um Studierenden den Prozess der Überarbeitung zu erleichtern. In einem ersten Schritt haben wir erläutert, wie Studierende die Alleinstellungsmerkmale ihrer Arbeit identifizieren und herausstellen können. Im Anschluss daran sind wir auf die Bedeutung und Formulierung eines Abstracts eingegangen und haben Beispiele für unterschiedliche Formate präsentiert. Den Hauptteil des Kapitels bildete eine schrittweise Anleitung zur Überarbeitung der verschiedenen Elemente einer Qualifikationsarbeit zum Fachaufsatz. Anhand des Fragen-Dreischritts *Was bleibt? – Was muss überarbeitet werden?*

– *Was muss gehen?* haben wir dabei gezeigt, wie sich die einzelnen Elemente einer Qualifikationsarbeit systematisch überarbeiten lassen.

Nachdem die inhaltliche Überarbeitung abgeschlossen ist, muss das Manuskript noch sprachlich und formal überarbeitet werden. Dieser Schritt ist tendenziell weniger arbeitsintensiv als die Umsetzung der Hinweise in diesem Kapitel, sollte aber dennoch nicht unterschätzt werden. Im nächsten Kapitel gehen wir auf den Schreibstil wissenschaftlicher Aufsätze ein und erklären, wie Inhalte effektiv kommuniziert werden können.

Übungsaufgaben

Aufgabe 1: Lesen Sie sich Ihre Qualifikationsarbeit durch und versuchen Sie, zu jedem Kapitel oder Abschnitt ein Alleinstellungsmerkmal zu identifizieren. Nutzen Sie die Kategorien in Tab. 6.1, um ihre Verkaufsargumente zu ordnen und entscheiden Sie dann, welche ein bis zwei Argumente am schlagkräftigsten sind.

Aufgabe 2: Finden Sie heraus welcher Abstract-Typ in ihrer Disziplin vorwiegend verwendet wird bzw. welcher Typ von der Fachzeitschrift genutzt wird, bei der Sie Ihr Manuskript einreichen möchten. Nutzen Sie die passende Vorlage in Abschn. 6.2, um einen ersten Abstract zu schreiben. Prüfen Sie nacheinander ab, inwiefern ihr Abstract den Anforderungen an Struktur, Fokus, Präzision und Klarheit erfüllt.

Aufgabe 3: Zeitschriften verwenden zusätzlich zum Abstract Schlüsselbegriffe (*Keywords*), um den Inhalt des Aufsatzes präzise zu kennzeichnen und für spätere Recherchen auffindbar zu machen. Schauen Sie sich verschiedene Aufsätze in Ihrer Disziplin an und analysieren Sie, welche Begriffe hier verwendet werden. Wählen Sie dann drei bis sechs Schlüsselbegriffe aus, um Ihre eigene Arbeit präzise zu beschreiben.

Aufgabe 4: Drucken Sie Ihre Arbeit aus oder öffnen Sie die Arbeit in einem Textbearbeitungsprogramm. Weisen Sie jeder der drei Fragen in unserem Dreischritt (*Was bleibt? – Was muss überarbeitet werden? – Was muss gehen?*) eine andere Farbe zu und unterstreichen oder markieren Sie den Text, je nach dem, was hier gerade zutrifft.

Aufgabe 5: Suchen Sie sich einen Fachaufsatz, der zu einem ähnlichen Thema verfasst wurde wie Ihre eigene Arbeit oder die gleiche Methode anwendet. Vergleichen Sie die Proportionen der einzelnen Abschnitt mit Ihrer Qualifikationsarbeit, um ein besseres Verständnis zu erhalten, wo Sie bei Ihrer Arbeit potenziell mehr kürzen bzw. etwas hinzufügen müssen als an anderen Stellen.

Weiterführende Literatur

Belcher, W. L. (2019). *Writing your journal article in twelve weeks: A guide to academic publishing success*. University of Chicago Press. [Week 3: Abstracting your paper, 90–100]

*   In diesem Arbeitsbuch stellt Belcher Techniken vor, mit denen erfahrene Wissenschaftler:innen verschiedener Disziplinen möglichst schnell und effizient Fachaufsätze schreiben können. Für Studierende ist hier das Kapitel zum sogenannten *Abstracting* besonders interessant. Belcher erläutert an mehreren Beispielen wie ein guter Abstract aussieht und wie man ihn zur strukturieren Planung eines Aufsatzes nutzen kann.

Plümper, T. (2008). *Effizient Schreiben. Leidfaden zum Verfassung von Qualifizierungsarbeiten und wissenschaftlichen Texten* (2. Aufl.). Oldenbourg Verlag. [Kap. 6]

*   Plümpers Buch ist unserer Meinung nach die beste Einführung ins Schreiben wissenschaftlicher Texte im Studium, richtet sich jedoch insbesondere an fortgeschrittene Studierende. Das Kapitel „ Der Schreibprozess" enthält eine Reihe konkreter Hinweise und Checklisten zur Strukturierung einzelner Kapitel.

Die sprachlich-formale Überarbeitung: Inhalte effektiv kommunizieren

7

In diesem Kapitel:

- Was kennzeichnet den Schreibstil wissenschaftlicher Arbeiten?
- Wie kann der Text innerhalb der Kapitel verständlicher strukturiert werden?
- Was ist beim Schreiben auf Englisch zu beachten?
- Wie sollten Tabellen und Abbildungen formatiert werden?

Fachaufsätze folgen in ihrer Gestaltung etablierten Regeln, die für Studierende nicht immer unmittelbar ersichtlich sind. Kap. 6 hat diese Konventionen in Bezug auf den Inhalt erläutert. In diesem Kapitel geht es nun um die sprachliche und formale Gestaltung des Manuskripts. Dazu erläutern wir weitere Eigenheiten von wissenschaftlichen Aufsätzen, weisen auf typische Fehler hin und stellen Strategien vor, um sie zu vermeiden. Insbesondere wird gezeigt, wie Kapitel und Unterkapitel in Absätzen strukturiert und einzelne Sätze verständlicher gestaltet werden können. Außerdem geben wir Tipps für das Verfassen von Aufsätzen auf Englisch und die Gestaltung von Tabellen und Abbildungen. Studierende, die auf Basis des letzten Kapitels begonnen haben, ihre Haus- oder Abschlussarbeit zu überarbeiten, können die Hinweise dabei zur weiteren Verfeinerung ihres Manuskripts nutzen.

© Der/die Autor(en), exklusiv lizenziert an Springer Fachmedien Wiesbaden GmbH, ein Teil von Springer Nature 2024
P. Köker, M. Harmening, *Studentisches Publizieren in den Sozialwissenschaften*,
https://doi.org/10.1007/978-3-658-43169-3_7

7.1   Der Stil studentischer und wissenschaftlicher Arbeiten

Eine Kernaufgabe wissenschaftlicher Publikationen ist es, Wissen mit anderen Wissenschaftler:innen zu teilen. Während Lehrbücher mit dem Ziel verfasst werden, die Leser:innen umfassend über den wissenschaftlichen Kenntnisstand in einem Fachgebiet zu informieren, sollen Fachaufsätze neue Erkenntnisse möglichst schnell kommunizieren. Wie in Kap. 6 dargestellt, ist es deswegen sinnvoll, die wichtigsten Verkaufsargumente der eigenen Arbeit prominent herauszustellen und den Inhalt jedes Kapitels explizit auf die Beantwortung der Forschungsfrage auszurichten. Für eine effektivere Kommunikation von Ergebnissen muss allerdings auch die sprachliche Gestaltung und Strukturierung des Texts überarbeitet werden. Wissenschaftliches Schreiben in Fachaufsätzen ist in allererster Linie ausgewähltes Schreiben. Hier sollen nur spezifische Informationen in prägnanter Weise präsentiert werden – d. h. nur die Inhalte, die für die Beantwortung der Forschungsfrage und Bearbeitung des Themas notwendig sind. Zwar unterscheiden sich die Schreibstile unterschiedlicher Fachrichten auch innerhalb der Sozialwissenschaften, dennoch gibt es einige Hinweise, die disziplinenübergreifend gelten.

In Qualifikationsarbeiten sollen Studierende ihre Kompetenzen im wissenschaftlichen Arbeiten und eine eigenständige Beschäftigung mit einem spezifischen Thema demonstrieren. Viele Studierenden haben zwar während des Verfassens ihrer Arbeit die allgemeinen Vorgaben für die Arbeit und Bewertungskriterien im Blick, der Schreibprozess selbst ist aber dennoch meist auf das eigene Verständnis ausgerichtet. In anderen Worten: Studierende schreiben meist vor allem für sich selbst – ihre Arbeiten zeigen, wie sie sich dem Thema genähert haben und dokumentieren ihren Erkenntnisprozess. Dies ist insbesondere in den ersten Semestern auch nicht unbedingt zu bemängeln. Wenn Haus- oder Abschlussarbeiten zur Publikation in einer Fachzeitschrift überarbeitet werden, ist dies jedoch nicht die Form, in der Dritte den Text am besten verstehen.

Leser:innen müssen immer aktiv durch den Text geleitet werden. Das heißt, der Schreibstil muss darauf ausgerichtet sein, immer wieder zu erklären, warum etwas gemacht wird. Vielen Studierenden fällt es schwer, die Perspektive ihrer zukünftigen Leser:innen einzunehmen. Wo Erläuterungen oder Querverweise fehlen, ist daher schwer zu erkennen. Für sie hört sich ihr Text schon gelungen und schlüssig an. Die erste (oft auch die zweite) Version einer Arbeit klingt für Studierende aber meistens deswegen gut, weil sie den eigenen Erkenntnisprozess widerspiegelt. Während sie selbst tief in der Materie stecken, fehlt es anderen Leser:innen an expliziten Anhaltspunkten und passenden Hintergrundinformationen. Zugegebenermaßen kann es schwierig sein, sich von Formulierungen zu trennen oder ganze Absätze umzuformulieren. Wer allerdings möchte, dass der eigene Aufsatz später auch von einer Fachzeitschrift publiziert und von anderen vollständig gelesen wird, muss hier noch einmal Arbeit investieren.

7.2   Absätze neu denken: Überzeugend und verständlich schreiben

Der passende Schreibstil für wissenschaftliche Aufsätze lässt sich am besten auf Absatzebene implementieren. Nach der Aufteilung einer Arbeit in Kapitel, sind Absätze die primäre Struktureinheit in Fachaufsätzen und anderen anspruchsvollen wissenschaftlichen Arbeiten. Absätze verknüpfen unterschiedliche Informationen (z. B. Fakten, Argumente, Beispiele) und erlauben es so, komplexe Sachverhalte oder Argumente angemessen abzubilden. Gleichzeitig zwingen Absätze aber auch zur Reduktion aufs Wesentliche und erleichtern es Leser:innen, die relevanten Informationen zu erkennen. Damit Absätze diesen Zweck erfüllen können, müssen sie jedoch in Aufbau und Inhalt bestimmten Grundregeln folgen.

Grundsätzlich sollte jeder Absatz immer nur eine Idee oder ein Argument ausdrücken. Alle Ideen, Argumente oder Beispiele, die nicht in einem Absatz zusammengefasst werden können, müssen entsprechend in kleinere Bestandteile zerlegt werden. Weiterhin sollten Absätze in sich geschlossen sein. Im Idealfall sollten Leser:innen die allgemeine Aussage von (fast) jedem Absatz verstehen können, ohne den vorherigen oder folgenden Absatz lesen zu müssen. Schließlich sollten Absätze weder zu lang noch zu kurz sein. In studentischen Arbeiten finden sich Absätze sehr unterschiedlicher Länge (manchmal erstrecken sie sich sogar über mehrere Seiten). In einem Fachaufsatz sollten Absätze mindestens 150 und höchstens 250 Wörter lang sein. Soweit es sich hier nicht um den ersten oder letzten Absatz eines (Unter-)Kapitels handelt, sollten alle längeren Absätze gekürzt werden; kürzere Absätze sollten hingegen in andere Absätze integriert werden.

In Fachaufsätzen sind Absätze meist nach einem ähnlichen Schema aufgebaut. Dieses Schema enthält vier Grundtypen von Sätzen, die den Beginn, Hauptteil und Abschluss eines jeden Absatzes bilden:

1. Wegweiser-Satz
   - Der erste Satz eines Absatzes stellt klar, worum es im Folgenden geht. Dadurch wissen Leser:innen direkt was sie erwartet. Es handelt sich um einen möglichst einfach formulierten Aussagesatz, der die Gesamtaussage des Absatzes prägnant zusammenfasst und thesenartig darstellt.

- Jeder Absatz sollte in sich geschlossen sein. Daher gibt es hier keinen Rückgriff auf den vorherigen Absatz. Soweit notwendig, werden konkrete Anhaltspunkte kurz wiederholt.
- Im Englischen wird dieser Satz auch als *High Impact Sentence* bezeichnet – es geht also darum, dass der Satz einen starken Eindruck auf die Leser:innen macht. Plattitüden und die Feststellung banaler Tatsachen (z. B. „In Deutschland leben viele Menschen.") sind hier also fehl am Platz.

2. Korpus-Satz
- Korpus-Sätze vermitteln die inhaltliche Substanz des Absatzes und stellen den größten Teil eines Absatzes dar. Hier werden z. B. Inhalte aus der Literatur wiedergegeben, theoretische Argumente formuliert oder eigene Ergebnisse vorgestellt.
- Die Struktur von Korpus-Sätzen darf komplexer sein als der Wegweiser-Satz, dennoch sollte auf Verständlichkeit geachtet werden.

3. Beispiel-Satz
- Beispiel-Sätze konkretisieren den Inhalt der Korpus-Sätze. Sie können entweder zur Qualifizierung einer allgemeinen Aussage genutzt werden oder spezifische Informationen und Beispiele enthalten.
- Beispiel-Sätze finden sich zu Beginn eines Absatzes meist als Nebensatz oder Einschub in einem Korpus-Satz. In der zweiten Hälfte eines Absatzes finden sie sich häufiger als eigenständige Beispiele und Illustrationen.

4. Schluss-Satz
- Ähnlich wie eine wissenschaftliche Arbeit oder ein Kapitel sollte auch jeder Absatz einen klar definierten Abschluss haben. Schluss-Sätze enthalten die Schlussfolgerungen des Absatzes und greifen dabei den Inhalt des Wegweiser-Satzes wieder auf.
- Schluss-Sätze stellen zudem die wichtigsten Anknüpfungspunkte für den nächsten Absatz bereit und sorgen für einen klaren Übergang zum nächsten Absatz, der wieder mit einem Wegweiser-Satz beginnt.

Die praktische Anwendung der Grundregeln guter Absätze und die verschiedenen Satztypen lassen sich am besten an einem Beispiel verdeutlichen. Im Folgenden haben wir einen fiktiven Beispielabsatz formuliert, der aus dem Literaturüberblick eines Aufsatzes zur Repräsentation von Tieren in politikwissenschaftlicher Forschung stammt (Abb. 7.1).

Das Denken und Schreiben in der hier vorgestellten Absatzstruktur sollten Studierende vor allem anwenden, um bereits geschriebene Texte zu überarbeiten und Inhalte neu zu ordnen. Zwar ist es theoretisch möglich, auch neue Texte direkt in Form von Absätzen zu planen und zu schreiben. Dies funktioniert allerdings nur

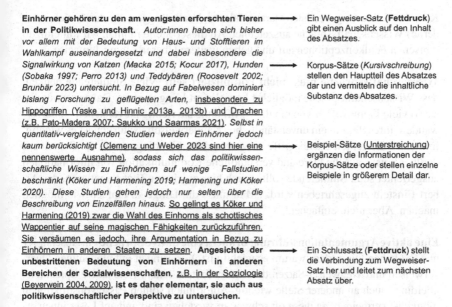

Einhörner gehören zu den am wenigsten erforschten Tieren in der Politikwisssenschaft. *Autor:innen haben sich bisher vor allem mit der Bedeutung von Haus- und Stofftieren im Wahlkampf auseinandergesetzt und dabei insbesondere die Signalwirkung von Katzen (Macka 2015; Kocur 2017), Hunden (Sobaka 1997; Perro 2013) und Teddybären (Roosevelt 2002; Brunbär 2023) untersucht. In Bezug auf Fabelwesen dominiert bislang Forschung zu geflügelten Arten,* <u>insbesondere zu Hippogriffen (Yaske und Hinnic 2013a, 2013b) und Drachen (z.B. Pato-Madera 2007; Saukko und Saarmas 2021).</u> *Selbst in quantitativ-vergleichenden Studien werden Einhörner jedoch kaum berücksichtigt* <u>(Clemenz und Weber 2023 sind hier eine nennenswerte Ausnahme)</u>, *sodass sich das politikwissenschaftliche Wissen zu Einhörnern auf wenige Fallstudien beschränkt (Köker und Harmening 2019; Harmening und Köker 2020). Diese Studien gehen jedoch nur selten über die Beschreibung von Einzelfällen hinaus.* <u>So gelingt es Köker und Harmening (2019) zwar die Wahl des Einhorns als schottisches Wappentier auf seine magischen Fähigkeiten zurückzuführen. Sie versäumen es jedoch, ihre Argumentation in Bezug zu Einhörnern in anderen Staaten zu setzen.</u> **Angesichts der unbestrittenen Bedeutung von Einhörnern in anderen Bereichen der Sozialwissenschaften,** z.B. in der Soziologie (Beyerwein 2004, 2009), **ist es daher elementar, sie auch aus politikwissenschaftlicher Perspektive zu untersuchen.**

→ Ein Wegweiser-Satz (**Fettdruck**) gibt einen Ausblick auf den Inhalt des Absatzes.

→ Korpus-Sätze (*Kursivschreibung*) stellen den Hauptteil des Absatzes dar und vermitteln die inhaltliche Substanz des Absatzes.

→ Beispiel-Sätze (<u>Unterstreichung</u>) ergänzen die Informationen der Korpus-Sätze oder stellen einzelne Beispiele in größerem Detail dar.

→ Ein Schlusssatz (**Fettdruck**) stellt die Verbindung zum Wegweiser-Satz her und leitet zum nächsten Absatz über.

Abb. 7.1 Beispiel eines typischen Absatzes. (Quelle: eigene Darstellung)

wenn die gesamte Arbeit durchgeplant und bereits im Kopf geschrieben ist – dazu sind auch gestandene Wissenschaftler:innen nur äußerst selten in der Lage. Wichtiger als die Struktur und die verschiedenen Satztypen ist zunächst, dass überhaupt etwas geschrieben wird. Studierende sollten die Hinweise vor allem nutzen, um Entwürfe zu überarbeiten, Ideen strukturiert einzuarbeiten und andere wissenschaftliche Texte systematischer zu lesen. Zum Schluss sollten Autor:innen allerdings auch auf ihre eigene Intuition und ihr Sprachgefühl hören – Absätze können auch dann gut sein, wenn sie den Regeln widersprechen.

7.3   Sätze und Stil optimieren: Der sprachliche Feinschliff

Sobald Kapitel und Unterkapitel in Absätzen vorstrukturiert sind, kann bei der Überarbeitung mit dem sprachlichen Feinschliff begonnen werden. Je nach Studiengang lesen Studierende in den ersten Semestern oft viele „Klassiker", d. h. ältere Texte, die die jeweilige Disziplin oder das Verständnis eines Themas geprägt haben. Mit aktuellerer Forschung kommen sie häufig erst in höheren Semestern in

Kontakt. Leider ergeben sich daraus falsche Vorstellungen, wodurch sich (moderne) Wissenschaftssprache auszeichnet. An dieser Stelle räumen wir mit einigen typischen Fehlkonzeptionen auf und geben weitere Überarbeitungshinweise.

Wissenschaftssprache muss nicht kompliziert sein Viele Studierende denken, dass Wissenschaftssprache möglichst kompliziert klingen muss. Daher verwenden sie so viele Fremdwörter wie möglich – oft ohne sie richtig zu verstehen – und verwandeln ihren Text in ein unverständliches Kauderwelsch. Natürlich ist es wichtig, immer die korrekten Fachbegriffe zu verwenden. Allerdings sollte der Schreibstil darüber hinaus auf die klare und verständliche Kommunikation von Informationen ausgerichtet sein. Studierende sollten sich hier an einem Zitat orientieren, das Albert Einstein zugeschrieben wird: „Man muss die Dinge so einfach wie möglich machen. Aber nicht einfacher."

Eine aktive Argumentationsführung braucht eine aktive Sprache In Abschn. 7.1 und 7.2 haben wir erklärt, warum es wichtig ist, Leser:innen mit eindeutigen Querverweisen und Wegweiser-Sätzen durch den Text zu leiten. Eine aktive Sprache ist allerdings auch an anderer Stelle wichtig. Autor:innen sollten Passivkonstruktionen möglichst vermeiden, da diese oft schwer zu verstehen sind und auf Leser:innen ermüdend wirken. Die Nutzung des Aktivs wirkt selbstbewusster und erlaubt eindeutigere Aussagen. Eine aktive Sprache kann zudem die Nutzung der 1. Person Singular beinhalten. Während früher die Verwendung des „Ich" in deutschen Fachartikeln generell abgelehnt wurde, ist es heute in der modernen deutschen Wissenschaftssprache (auch unter dem Einfluss des Englischen) durchaus akzeptabel, in dieser Form zu schreiben. Trotzdem sollte das „Ich" nur dort eingesetzt werden, wo Autor:innen selbst etwas gemacht haben (z. B. Sammlung und Analyse von Daten) oder ihren eigenen Beitrag (z. B. neue Argumente) herausstellen.

Mehrere kurze Sätze sind besser als ein langer Studierende versuchen häufig möglichst viele Informationen in einem einzigen Satz unterzubringen. Die Folge sind lange Schachtelsätze mit vielen Einschüben und Nebensätzen, die oft auch viel Irrelevantes enthalten. Da überflüssige Informationen ohne Kontext keinen Sinn mehr ergeben, versuchen Studierende, alles in einen Satz zu integrieren. Leser:innen können dann nicht mehr die wirklich relevanten Informationen herauslesen und formen so möglicherweise falsche Erwartungen. Komplexe Informationen sollten immer über mehrere Sätze innerhalb eines Absatzes verteilt werden. Ein Satz sollte dabei nie länger als etwa 40 bis 50 Wörter sein. Wird diese Länge überschritten, leidet die Lesbarkeit des Satzes und schränkt damit die Verständlichkeit des Textes ein.

Wörtliche Zitate zeigen kein vertieftes Literaturverständnis Wörtliche Zitate finden sich in fast allen studentischen Qualifikationsarbeiten, aber nur selten in Fachaufsätzen. Studierende, die viele wörtliche Zitate nutzen, tun dies oft aus Unsicherheit – sie wissen entweder nicht, wie sie die Textstelle in eigenen Worten wiedergeben können oder ob sie die Quelle richtig verstanden haben. Selbst bei passend ausgewählten Zitaten wird oft nicht deutlich, warum gerade diese Stelle zitiert wird. Viele wörtliche Zitate können so indirekt Zweifel an der Qualität des Aufsatzes wecken. In Fachaufsätzen werden wörtliche Zitate nahezu ausschließlich für Definitionen verwendet. Darüber hinaus versuchen Wissenschaftler:innen immer, die Literatur in eigenen Worten wiederzugeben und ihre Zusammenfassung spezifisch auf die Beantwortung ihrer Forschungsfrage auszurichten.

Alle Ressourcen sollten genutzt werden Inzwischen stehen Studierenden neben Wörterbüchern noch eine große Reihe an weiteren Hilfen bereit, um ihre Texte zu verbessern. Fast alle Textbearbeitungsprogramme verfügen inzwischen über mehr als nur eine Rechtschreibkorrektur, sondern können auch Probleme in Ausdruck und Grammatik erkennen. Weiterhin gibt es verschiedene kostenlose Online-Anwendungen, die künstliche Intelligenz nutzen, um Texte zu korrigieren und Verbesserungsvorschläge zu machen. Diese Angebote entwickeln sich in rasanter Geschwindigkeit. Bisher sind sie aber noch nicht perfekt und eignen sich nur teilweise für rein wissenschaftliche Texte (z. B. werden Fachbegriffe oft nicht als solche erkannt und durch falsche Alternativen ersetzt). Dennoch können sie eine wichtige Hilfe sein, wenn man bei der Überarbeitung eines Satzes oder Absatzes nicht weiterkommt.

7.4 Schreiben auf Englisch

Englisch ist die globale Sprache der Wissenschaft. Viele Wissenschaftler:innen publizieren ihre Forschungsergebnisse auf Englisch, um sie Kolleg:innen auf der ganzen Welt zugänglich zu machen. Allerdings gibt es auch für deutschsprachige Publikationen schon eine hinreichend große potenzielle Leser:innenschaft. Daher ist es durchaus legitim, die erste Publikation in deutscher Sprache zu verfassen. Studierende können dennoch eine englischsprachige Publikation in Betracht ziehen, wenn sie ihre Qualifikationsarbeit bereits auf Englisch geschrieben haben oder ein Thema mit internationaler Relevanz behandeln. Studentische Fachzeitschriften in Deutschland veröffentlichen zudem häufig auch englischsprachige Aufsätze, sodass hier nicht unbedingt eine ausländische Zeitschrift ausgewählt werden muss.

An dieser Stelle können wir natürlich keine umfassende Einführung in alle Aspekte des *Academic English* geben. Wir beschränken uns daher auf die wichtigsten Aspekte und verweisen am Ende des Kapitels auf weitere Ressourcen.

Englische Wissenschaftssprache ist – im Gegensatz zum Wissenschaftsdeutsch – eine vergleichsweise nutzerfreundliche Sprache. Die einfachere Grammatik und Satzstruktur des Englischen bleiben auch in wissenschaftlichen Texten erhalten und erlauben es, Argumente und Ergebnisse präzise zu kommunizieren. Gleichzeitig bleiben Texte dadurch leichter verständlich und können somit ein größeres Publikum (auch außerhalb der jeweiligen Disziplin) erreichen. Unsere Hinweise zum Verfassen überzeugender Absätze und zur Formulierung verständlicher Sätze lassen sich dabei problemlos auf das Englische übertragen. Da ein Großteil der vorgestellten Tipps ursprünglich für englischsprachige Texte aufgestellt wurde, lassen sie sich hier sogar noch besser anwenden.

Wer mit den Regeln der englischen Schriftsprache vertraut ist, hat eine gute Grundlage auch wissenschaftliche Texte auf Englisch zu schreiben. Im Folgenden gehen wir auf einige typische allgemeine Probleme und Fehler ein, bevor wir uns einigen Eigenheiten der englischen Wissenschaftssprache zuwenden:

- Sätze müssen stets vollständig sein (bestehend aus Subjekt, Verb, Objekt). Im gesprochenen Englisch werden Beispiele und zusätzliche Informationen oft an den Hauptsatz angehängt, jedoch ohne einen grammatikalischen Bezug herzustellen. Im Schriftenglisch müssen hingegen alle Sätze grammatikalisch korrekt und für sich genommen verständlich sein.
- Verkürzungen werden im Schriftenglisch immer ausgeschrieben (z. B. isn't → is not; it's →it is; can't → cannot). In populärwissenschaftlichen Veröffentlichungen und journalistischen Texten wird diese Regel inzwischen nicht mehr immer befolgt. In wissenschaftlichen Fachaufsätzen haben Verkürzungen jedoch keinen Platz.
- Schriftsprache nutzt standardsprachliche Ausdrücke. Umgangssprache muss also vermieden werden (z. B. kids → children; guy → person/individual).
- Gesprochenes Englisch nutzt oft unpräzise Ausdrücke, die im Text durch eindeutige Worte ersetzt werden müssen (z. B. lots of/tons of → many/numerous; big → major/considerable; kind of/sort of → to a certain degree).
- Zusammengesetzte Verben sollten (wenn möglich) durch einfache Verben ersetzt werden (z. B. to go up/down → to increase/decrease; to take away → to remove).
- Negative Formulierungen sollten durch Gebrauch eines passenden Adjektivs oder Adverbs umformuliert werden (z. B. not effective → ineffective; not acceptable → unacceptable).

Über die allgemeinen Regeln der englischen Schriftsprache hinaus zeichnet sich das Wissenschaftsenglisch durch einen schlanken Satzbau aus. Zum einen finden sich nur selten lange Nebensätze oder Einschübe, zum anderen wird der Gebrauch von Füllwörtern auf ein Minimum beschränkt. Dabei ist auch zu beachten, dass englische Aufsätze deutlich sparsamer mit Adjektiven und Adverbien umgehen als dies oft im Deutschen der Fall ist. Selbst bei der Auseinandersetzung mit normativen Fragestellungen ist eine äußerst selektive Verwendung nicht unüblich. Wie auch in deutschen wissenschaftlichen Texten werden Fachwörter und – begriffe konsistent verwendet. Allerdings verzichtet Wissenschaftsenglisch häufig darauf, neue Begriffe oder Wörter zu erfinden. Dies lässt sich auch darauf zurückführen, dass es im Englischen kaum möglich ist, zusammengesetzte Nomen zu bilden. Je nach Disziplin kann es noch weitere Gepflogenheiten geben. Viele Zeitschriften und Verlage stellen auf ihren Webseiten Informationen zur sprachlichen Gestaltung des Textes zur Verfügung (z. B. auch zur Verwendung von britischer oder amerikanischer Schreibweise), auf die Autor:innen zurückgreifen können.

Studierende, die ihre Arbeit auf Deutsch geschrieben haben und nun übersetzen wollen, sollten noch einige weitere Hinweise beherzigen. Autor:innen sollten in keinem Fall versuchen, ihren Text Wort für Wort bzw. Satz für Satz ins Englische zu übersetzen. Eine direkte Übersetzung – insbesondere mithilfe von Übersetzungsprogrammen – führt unweigerlich zu einem schlechten Manuskript. Der Text klingt bei näherer Betrachtung zwangsläufig unnatürlich. In Folge bringen Autor:innen viel Zeit dafür auf, Formulierungen zu übersetzen, für die es keine englische Entsprechung gibt. Wer einen wissenschaftlichen Text auf Englisch schreiben möchte, muss auch in dieser Sprache denken. Es empfiehlt sich also, den Text noch einmal neu auf Englisch zu schreiben. Dies ist zwar mit einem gewissen Mehraufwand verbunden. Die Korrektur einer Übersetzung nimmt jedoch oft sehr viel mehr Zeit in Anspruch, bis eine akzeptable Version vorliegt.

Abschließend sollten Studierende noch beachten, dass viele Wörterbücher nicht auf den wissenschaftlichen Gebrauch zugeschnitten sind. Da es bei wissenschaftlichen Texten auch auf sprachliche Nuancen ankommt, sollte in keinem Fall der erstbeste Wörterbucheintrag übernommen werden. Ein Thesaurus kann helfen, passende Worte und Begriffe zu finden. Genauso empfiehlt es sich, Satzfragmente und Formulierungen bei *Google Scholar* einzugeben. So können Autor:innen schnell feststellen, ob andere Wissenschaftler:innen Ausdrücke in der gleichen Weise verwendet haben oder ob sie eine andere Formulierung finden müssen. Schließlich können Studierende auch kostenlos die *Academic Phrasebank* der University of Manchester nutzen (www.phrasebank.manchester.ac.uk/) nutzen. Diese enthält Tausende von Satzfragmenten, die insbesondere Nicht-Muttersprachlern das Verfassen wissenschaftlicher Texte auf Englisch erleichtern sollen.

7.5   Formatierung von Tabellen und Abbildungen

Die bisherigen Hinweise zur Überarbeitung studentischer Qualifikationsarbeiten haben sich fast ausschließlich auf den Text bezogen. Darüber hinaus enthalten viele Arbeiten jedoch auch Tabellen und Abbildungen. Wie bereits in Abschn. 6.3.5 erwähnt, können für eine Haus- oder Abschlussarbeit erstellte Grafiken oft problemlos übernommen werden. Bei der Formatierung ist es jedoch notwendig, sich an den Vorgaben der Zeitschrift zu orientieren, bei der der Aufsatz eingereicht werden soll. Es kann durchaus vorkommen, dass die Redaktion der Zeitschrift keine spezifischen Vorgaben macht oder es in bereits publizierten Aufsätzen keine passenden Beispiele zur Orientierung gibt. In diesem Fall gibt es dennoch einige etablierte Regeln, an die man sich halten sollte.

Wie auch beim Text eines Aufsatzes, steht bei Tabellen und Abbildungen eine klare und verständliche Kommunikation von Inhalten im Vordergrund. Die oberste Gestaltungsmaxime ist daher die Übersichtlichkeit und die Reduktion aufs Wesentliche. Jedes einzelne Element einer Tabelle oder Abbildung muss für das Verständnis absolut notwendig sein. Zudem muss genügend Kontext vorhanden sein (z. B. durch klare Beschriftungen), damit Leser:innen die Datenpunkte direkt verstehen und miteinander vergleichen können. Schließlich sollten Tabellen und Abbildungen über einen Aufsatz hinweg konsistent gestaltet sein (z. B. durch Verwendung der gleichen Schriftart, Linienstärke etc.).

Eine typische Tabelle wird nur durch drei horizontale Rahmenstriche strukturiert (siehe Tab. 7.1). Weitere Struktur kann durch Leerzeilen, die Gruppierung von Zeilen oder Spalten oder Kursivschreibung geschaffen werden. Teilweise ist es auch möglich, die Werte in einzelnen Zellen durch Fettdruck hervorzuheben. In jedem Fall muss eine Tabelle einen aussagekräftigen Titel besitzen. Anmerkungen zum Tabelleninhalt und die Quellenangabe sollten separat vom Titel aufgeführt werden.

Abbildungen folgen einem ähnlichen Muster wie Tabellen. Im Sinne der Übersichtlichkeit sollten sie (wenn möglich) in schwarz-weiß oder in Graustufen gehalten sein. Viele Fachzeitschriften drucken farbige Abbildungen und Grafiken oft nur ab, wenn Autor:innen dafür bezahlen. Durch Strichlinien oder die Verwendung unterschiedlicher Markierungspunkte können verschiedene Fälle oder Gruppen von Datenpunkten eindeutig voneinander abgegrenzt werden. Abbildungen sollten zudem nicht einfach aus anderen Quellen kopiert werden, sondern im besten Fall selbst nachgebaut werden. Dies erlaubt mehr Flexibilität bei der Formatierung und erreicht bei der Veröffentlichung später eine höhere Druckqualität. In diesem Fall muss die Ursprungsquelle aber immer zitiert werden. Abb. 7.2, 7.3 und 7.4 zeigen

Tab. 7.1 Typische Formatierung einer Tabelle in einem Fachaufsatz

		Variable 1	Variable 2 Variable 2a	Variable 2b
Gruppe 1	Fall A	…	…	…
	Fall B	…	…	…
	Fall C	…	…	…
Gruppe 2	Fall D	…	…	…
	Fall E	…	…	…
	Fall F	…	…	…
Insgesamt		…	…	…

Anmerkungen: Wichtige Informationen zur Tabelle
Quelle: Köker und Harmening (2024)

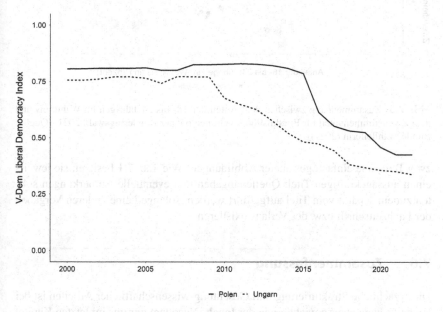

Abb. 7.2 Entwicklung der Demokratiequalität in Polen und Ungarn, 2000–2020. Anmerkungen: Ausmaß, in dem das Ideal der liberalen Demokratie erreicht wurde (1 = vollkommen erreicht, 0 = nicht erreicht). (Quelle: Coppedge, Gerring, Knutsen et al. (2023))

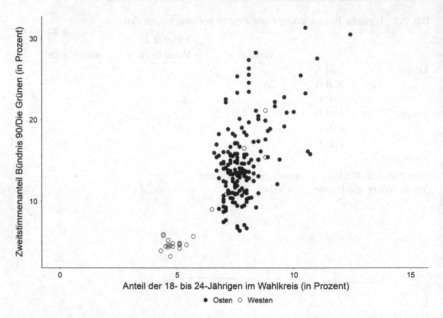

Abb. 7.3 Zusammenhang zwischen dem Anteil der 18- bis 24-Jährigen im Wahlkreis und dem Zweitstimmenanteil für Bündnis90/Die Grünen bei der Bundestagswahl 2021. (Quelle: Bundeswahlleiterin (2021))

zwei Beispiele einfach gestalteter Abbildungen. Wie Tab. 7.1 besitzen sie jeweils einen aussagekräftigen Titel. Quellenangaben und eventuelle Anmerkungen sollten zudem separat vom Titel aufgeführt werden, solange keine anderen Vorgaben der Fachzeitschrift bzw. des Verlags existieren.

7.6   Zusammenfassung

Die sprachliche Strukturierung und Gestaltung wissenschaftlicher Arbeiten ist bei Fachaufsätzen ebenso wichtig wie der Inhalt. Nachdem wir uns im letzten Kapitel darauf konzentriert haben, welche Inhalte studentischer Qualifikationsarbeiten vor Einreichung bei einer Fachzeitschrift überarbeitet werden müssen, lag der Fokus dieses Kapitels auf der sprachlichen Überarbeitung. Studierende schreiben Qualifikationsarbeiten weitgehend für sich selbst und dokumentieren so ihren eigenen

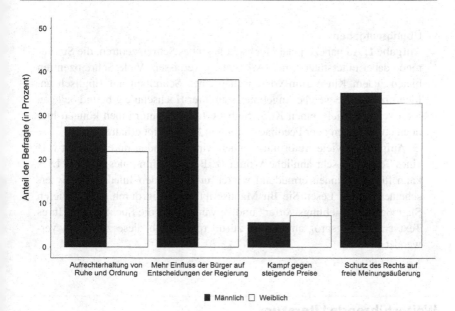

Abb. 7.4 Nennung der wichtigsten Ziele im Land nach Geschlecht. Anmerkung: Antwort auf die Frage „Auf dieser Liste stehen einige Ziele, die verschiedene Leute für besonders wichtig halten. Würden Sie mir bitte sagen, welches davon Sie selbst für am wichtigsten halten?". (Quelle: Haerpfner, Inglehart, Moreno et al. (2022))

Erkenntnisprozess. In wissenschaftlichen Fachaufsätzen müssen Leser:innen allerdings durch eine aktive Sprache und Argumentationsführung durch den Text geleitet werden. Dies wird durch die Gliederung der Inhalte in Absätze und die Verwendung einer klaren Sprache am besten erreicht. Tabellen und Abbildungen sollten diesem Muster folgen und ebenfalls nur für das Verständnis relevante Elemente enthalten.

Dieses Kapitel bildet den Abschluss des zweiten Teils unseres Buches. Studierende, die auf Basis der Hinweise eine publikationsgeeignete Arbeit identifiziert und überarbeitet haben, sollten sich an dieser Stelle auf die Schulter klopfen! Im dritten Teil des Buchs geht es nun um die letzten Schritte zur Einreichung des eigenen Aufsatzes bei einer Zeitschrift (Kap. 8), die Navigation der Herausforderungen des Begutachtungsverfahrens (Kap. 9) sowie um die wichtigsten Aspekte des Urheberrechts (Kap. 10).

Übungsaufgaben

Aufgabe 1: An nahezu jeder Hochschule gibt es Schreibzentren, die Studierende dabei unterstützen, ihre Arbeiten zu verfassen. Viele Schreibzentren bieten zudem Kurse zum wissenschaftlichen Schreiben auf Englisch an. Identifizieren Sie welche Angebote es an Ihrer Hochschule gibt und belegen Sie (wenn möglich) einen Kurs. Selbst erfahrene Autor:innen können hier noch etwas lernen oder Feedback zu ihrem Manuskript erhalten.

Aufgabe 2: Viele Autor:innen (auch wir) verwenden im ersten Entwurf eines Textes oft sehr ähnliche Wörter (z. B. zu Beginn eines Satzes). Dies kann für Leser:innen ermüdend wirken und auch den Inhalt repetitiv erscheinen lassen. Lesen Sie Ihr Manuskript sorgfältig durch, identifizieren Sie mögliche „Lieblingswörter" und verwenden Sie die Suchfunktion Ihres Textverarbeitungsprogramms, um zu überprüfen, ob diese zu häufig verwendet werden.

Weiterführende Literatur

Dunleavy, P. (2003). *How to plan, draft, write & finish a doctoral thesis or dissertation.* Bloomsbury. (Chapter 7: Handling attention points: Data, charts and graphics, 157–196).

• Dunleavys Buch richtet sich in erster Linie an Doktorand:innen oder Masterstudierende, die eine lange Dissertation oder Masterthesis planen. Für Studierende stellt das Kapitel „Handling attention points: handling data, charts and graphics" dabei jedoch eine hilfreiche Ressource dar. Dunleavy erklärt hier, wie Autor:innen Tabellen und Abbildungen strategisch nutzen können, um ihre Arbeiten zu verbessern.

Dunleavy, P. (o.J.). *Write 4 Research.* https://medium.com/@write4research

• Auf diesem Blog hat Dunleavy viele weitere Tipps und Hinweise zum wissenschaftlichen Schreiben und Verfassen wissenschaftlicher Arbeiten gesammelt. Studierende sollten sich insbesondere seine Posts zum Verfassen der einzelnen Elemente wissenschaftlicher Aufsätze (Abstract, Titel, etc.) anschauen.

Teil III

Von der Einreichung zur Publikation

Von der Auswahl der Zeitschrift bis zur Einreichung

8

In diesem Kapitel:

- Wie wähle ich eine geeignete Zeitschrift aus?
- Wo kann ich mir vor der Einreichung Feedback einholen?
- Wie formatiere ich mein Manuskript und was ist ansonsten bei Einreichung zu beachten?

Die Haus- oder Abschlussarbeit ist endlich überarbeitet und soll jetzt publiziert werden. Doch welche Zeitschrift eignet sich am besten? Und was ist bei der Einreichung zu beachten? In diesem Kapitel stellen wir die wichtigsten Aspekte für die Auswahl einer geeigneten Zeitschrift vor, geben Tipps für das Einholen weiteren Feedbacks und erläutern, welche Anforderungen der Zeitschrift bei der Fertigstellung und Einreichung des Manuskripts unbedingt zu beachten sind.

8.1 Qual der Wahl: Die Auswahl einer passenden Zeitschrift

Ist ein Aufsatz erstmal geschrieben stehen viele Wissenschaftler:innen vor einem Dilemma: Es gibt eine so große Auswahl an Zeitschriften, dass es gerade für Erstautor:innen schwierig ist, die richtige Wahl zu treffen. Die Auswahl studentischer Fachzeitschriften ist zwar etwas begrenzter, aber dennoch sollten sich Studierende genau überlegen, wem sie ihr Manuskript anvertrauen. Im Internet finden sich unzählige Listen mit Kriterien oder Ratschlägen zur Auswahl einer Zeitschrift für die eigene Forschung – allerdings berücksichtigen nur die wenigsten die Besonderheiten

© Der/die Autor(en), exklusiv lizenziert an Springer Fachmedien Wiesbaden
GmbH, ein Teil von Springer Nature 2024
P. Köker, M. Harmening, *Studentisches Publizieren in den Sozialwissenschaften*,
https://doi.org/10.1007/978-3-658-43169-3_8

von studentischen Fachzeitschriften und Working Paper-Reihen. Im Folgenden haben wir daher insbesondere die Punkte zusammengestellt, die Studierende bei der Publikation ihrer Arbeiten berücksichtigen sollten. Im Gegensatz zu nicht-studentischen Fachzeitschriften spielen hier Aspekte wie der *Impact Factor* (durch-schnittliche Anzahl der Zitationen pro Aufsatz in den letzten Jahren) oder Berück-sichtigung im *Social Science Citation Index* (SSCI) keine Rolle.

Inhalt Studierende sollten zunächst überprüfen, ob die Zeitschrift Aufsätze ver-öffentlicht, die in den allgemeinen Themenbereich des eigenen Aufsatzes fallen. Dabei ist es empfehlenswert, die Selbstschreibung einer Zeitschrift anzuschauen und die Ausgaben der letzten zwei bis drei Jahre zu durchstöbern. Zusätzlich sollte darauf geachtet werden, welche Arten von Aufsätzen die Zeitschrift veröffentlicht und ob ähnliche theoretische oder methodische Ansätze verwendet werden, wie in der einzureichenden Arbeit. Die meisten studentischen Fachzeitschriften sind the-matisch und methodisch vergleichsweise breit angelegt und so für eine Vielzahl von Einreichungen offen, allerdings gibt es auch hier spezialisierte Zeitschriften.

Qualität In einem zweiten Schritt sollten Studierende die Qualität der publi-zierten Aufsätze – inhaltlich wie formal – überprüfen. Falls das Layout durchweg nicht einheitlich ist und die Texte offensichtliche Fehler in der Rechtschreibung und Grammatik enthalten, sollten sich Autor:innen für eine andere Zeitschrift ent-scheiden. Ebenso sollten sich Studierende ein Bild der inhaltlichen Qualität der veröffentlichten Aufsätze machen: Werden hier Haus- und Abschlussarbeiten mehr oder weniger unverändert abgedruckt oder wurden die Texte grundlegend über-arbeitet? Letzteres deutet auf einen funktionierende Qualitätssicherung durch die Redaktion hin.

Transparenz Weiterhin sollten sich Autor:innen damit vertraut machen, wer hinter der Zeitschrift steht: Wird diese z. B. von einer Studierendeninitiative, einer Nachwuchsgesellschaft oder einer Universität herausgegeben? Auf der Webseite der Zeitschriften sollten neben den Namen und Kontaktdaten der Herausgeber:in-nen (oder der Redaktion) zudem Informationen zum Begutachtungsverfahren und Publikationsprozess vorhanden sein.

Publikation Da studentische Fachzeitschriften von Studierenden betrieben werden, kann es sein, dass die Publikation eingestellt wird, wenn sich nach Studien-abschluss der Herausgeber:innen keine Nachfolge findet. Dennoch bleiben Web-seiten oft noch jahrelang im Netz. Vor der Einreichung sollte daher geprüft werden, ob die Zeitschrift weiterhin Einreichungen entgegennimmt und veröffentlicht. Außerdem ist es relevant, wie und wo die Aufsätze veröffentlicht werden: Er-scheinen Sie nur auf der Webseite der Zeitschrift (und könnten wieder ver-schwinden, wenn die Zeitschrift ihr Erscheinen einstellt) oder werden Beiträge durch einen Verlag oder im Repositorium einer Hochschule dauerhaft archiviert und verfügbar gemacht? Wenn möglich, sollte eine Zeitschrift mit langfristiger Verfügbarkeit der Aufsätze ausgewählt werden, die jedem Aufsatz einen permanenten Link, z. B. einen *Digital Object Identifier* (DOI), zuweist (siehe auch Abschn. 10.1).

Es ist immer ratsam, mehrere Zeitschriften zu identifizieren, die zum eigenen Manuskript passen und sich anschließend für eine Zeitschrift zu entscheiden. Ein Aufsatz darf nie bei mehreren Zeitschriften gleichzeitig eingereicht werden, da dies gegen Prinzipien der wissenschaftlichen Integrität und ethische Standards verstoßen würde. Mehrfacheinreichungen würden zu einer Überlastung von Redaktionen und Gutachter:innen führen und bergen das Risiko von Doppelveröffentlichungen, wenn ein Aufsatz von mehreren Zeitschriften zur Publikation angenommen wird.

8.2 Feedback vor der Einreichung: Dozierende, Mitstudierende und Konferenzen

Bevor der Aufsatz bei einer Zeitschrift eingereicht wird, sollten sich Studierende noch einmal weiteres Feedback einholen. Gerade wenn es auch kritisches Feedback auf die zugrunde liegende Haus- oder Abschlussarbeit gab, sollte überprüft werden, ob die Überarbeitung ausreichend war und Kritikpunkte ernst genommen wurden. Die ersten Ansprechpartner für ein weiteres Feedback sind daher auch die Dozierenden, die die Haus- oder Abschlussarbeit betreut und bewertet haben. Studierende können eventuell einen Sprechstundentermin nutzen, um ihr Manuskript zu besprechen. Auch wenn viele Dozierende ihre Studierenden gerne unterstützen, sollten die Erwartungen realistisch bleiben. Da Dozierende jedes Jahr Dutzende von Haus- und Abschlussarbeiten betreuen, können sie sich nicht immer an jede Arbeit detailliert erinnern und haben vielleicht auch nicht immer die Zeit, außerhalb von Lehrveranstaltungen ausführliches Feedback zu geben.

Dozierende sollten in erster Linie um eine allgemeine Rückmeldung zu dem Publikationsvorhaben und der Auswahl der Zeitschrift gebeten werden. Vielleicht haben sie aber auch noch weitere Ideen, wo und bei wem Studierende Feedback einholen können. Institute, Lehrstühle oder Forschungsgruppen haben teilweise eigene Kolloquien, bei denen ein solches Vorhaben vorgestellt und diskutiert werden kann. Wenn es an der eigenen Hochschule keine solchen Möglichkeiten gibt, haben aber vielleicht andere Studierende ebenfalls Interesse daran, eine Arbeit zur Veröffentlichung vorzubereiten. In einer Feedbackrunde können die Arbeiten vorgestellt und zusammen diskutiert werden. Wenn Mitstudierende um Feedback gebeten werden, ist es sinnvoll, konkrete Fragen zu stellen, die sich an den Vorgaben

Tab. 8.1 Feedbackbogen vor der Einreichung

Frage	Bewertung (Schulnoten)					
	1	2	3	4	5	6
Ist die Forschungsfrage/das Forschungsinteresse klar formuliert?						
Wird die relevante Literatur im Forschungsstand berücksichtigt?						
Wird eine Forschungslücke dargestellt?						
Ist das theoretische Argument plausibel und kohärent?						
Sind die Daten und Methoden zur Beantwortung der Forschungsfrage angemessen? Ist die Auswahl ausreichend begründet?						
Werden die Daten korrekt ausgewertet und die Analysen korrekt interpretiert?						
Sind die Schlussfolgerungen plausibel und werden die Implikationen aus den Ergebnissen abgeleitet?						
Leistet die Arbeit einen eigenständigen wissenschaftlichen Beitrag?						

von Fachzeitschriften orientieren. In Tab. 8.1 haben wir einige typische Fragen zu-sammengestellt – anstatt der Bewertung in Schulnote können natürlich auch schriftliche Kommentare gegeben werden.

Auch außerhalb von universitären Kolloquien gibt es für Studierende Möglich-keiten, die eigene Arbeit bei Fachkonferenzen oder Workshops vorzustellen. Bei Konferenzen, die von Fachgesellschaften oder ihren Untergliederungen veran-staltet werden, kommen Wissenschaftler:innen aus der gesamten Breite der Dis-ziplin zusammen, um ihre laufende Forschung vorzustellen. Zwar richten sich diese Veranstaltungen in erster Linie nicht an Studierende, aber bei einigen Fach-konferenzen gibt es eigene Nachwuchspanels, bei denen Jungforscher:innen ihre Arbeiten vorstellen können. Nachwuchsorganisationen, wie die *Deutsche Nach-wuchsgesellschaft für Politik- und Sozialwissenschaften* (DNGPS) oder die *Inter-national Association of Political Science Students* (IAPSS), halten an wechselnden Orten regelmäßig Konferenzen nur für Studierende ab. Es gibt auch einige Uni-versitäten, die jährliche Konferenzen für studentische Forschung abhalten (z. B. die *Konferenz für Studentische Forschung* in Berlin).

Workshops beschäftigen sich im Gegensatz zu Konferenzen oft nur mit einem spezifischen Thema und bringen 10–20 Wissenschaftler:innen zum intensiven Aus-tausch zusammen. Je nach Veranstaltung kann es auch hier sein, dass Master-studierende zugelassen werden, wenn das Thema ihrer Abschlussarbeit zum Work-shop passt. Manche Workshops sind aber nur auf Einladung zugänglich. An-kündigungen für Konferenzen und Workshops, sogenannte *Calls for Papers* (CfP), werden meist über Mailinglisten der Fachgesellschaften oder soziale Medien verbreitet. Studierende können hier ihre Dozierenden bitten, ihnen Hinweise auf geeignete Veranstaltungen weiterzuleiten. Allerdings ist zu beachten, dass die Bewerbung für Konferenzen und Workshops oft bis zu einem halben Jahr vor der Veranstaltung erfolgt. Zudem müssen auch Studierende teilweise Mitgliedschafts- und Teilnahmegebühren bezahlen (zusätzlich zu Kosten für Reise und Unterbringung).

8.3   Vorbereitung des Manuskripts

Ist der Aufsatz inhaltlich ausgearbeitet, fehlt vor der Einreichung nur noch ein letzter Schritt: die Formatierung des Manuskripts für die Einreichung. Jede Zeitschrift hat hierzu leicht unterschiedliche Vorgaben, an die sich Studierende so genau wie möglich halten sollten. Bei Unklarheiten sollte immer bei der Redaktion oder den Herausgeber:innen nachgefragt werden. Eine einheitliche und korrekte Formatierung des Manuskripts erleichtert es der Redaktion und den Gutachter:innen, sich auf den Inhalt zu konzentrieren und vereinfacht die Erstellung der Druckfahne. Ein Manuskript, das nicht den Vorgaben der Zeitschrift entspricht, läuft Gefahr ohne Begutachtung abgelehnt. Eine gewissenhafte Vorbereitung des Manuskripts ist also nicht nur wichtig, um einen guten Eindruck zu machen, sondern auch um die erste Hürde im Begutachtungsprozess zu nehmen. Einige wenige Zeitschriften erlauben inzwischen die Einreichung eines Manuskripts ohne Formatierungsvorgaben (*format-free submission*). Hier müssen Autor:innen bestimmte Vorgaben erst einhalten, wenn das Manuskript zur Publikation angenommen wird.

Die Formatierungsvorgaben finden sich auf der Webseite der Zeitschrift unter der Rubrik „Hinweise für Autorinnen und Autoren". Typischerweise gliedern sich die Hinweise in die folgenden Abschnitte:

Textlänge Alle Zeitschriften machen Vorgaben für die Länge der eingereichten Beiträge. Soweit nicht anders angegeben, gelten diese nicht nur für den Text des Manuskripts, sondern für das gesamte Manuskript, d. h. einschließlich aller Literaturangaben im Text und in der Bibliografie, Fuß- bzw. Endnoten, Tabellen sowie Beschriftungen von Abbildungen. Sollte eine Zeitschrift nicht nur Aufsätze veröffentlichen, sondern auch andere Beiträge (z. B. *Research Notes*, Literaturberichte oder Rezensionen), gibt es hier für alle Beitragsarten unterschiedliche Längenvorgaben. Diese Vorgaben sollten in keinem Fall unter- oder überschritten werden. Während diese Beschränkungen früher vor allem durch die begrenzte Seitenzahl der Druckfassung begründet waren, haben sich in den unterschiedlichen Disziplinen und Zeitschriften bestimmte Längen als Standardformate etabliert.

Auch wenn Zeitschriften durch die Online-Publikation flexibler sind, trägt ein Wortlimit maßgeblich zum Fokus aufs Wesentliche bei.

Titelseite und Anonymisierung Im doppelblinden Begutachtungsverfahren, das von den meisten Zeitschriften angewandt wird, bleibt die Identität der Autor:innen vor den Gutachter:innen verborgen. Um diese Anonymität zu gewährleisten (und den Herausgeber:innen die Arbeit zu erleichtern), müssen Autor:innen meist zwei Dokumente bei der Zeitschrift einreichen: (1) Auf einer separaten Titelseite stehen der Titel des Aufsatzes, der Name der Autor:innen, ihre Universität, Postanschrift und E-Mail-Adresse. Genauso sollten auf der Titelseite alle anderen Angaben stehen, die es ermöglichen würden, die Autor:innen zu identifizieren, z. B. Angaben zur finanziellen Förderung oder Danksagungen. (2) Das zweite Dokument ist der Text des Aufsatzes, der an die Gutachter:innen geschickt wird. In diesem Text müssen alle Hinweise auf die Autor:innen entfernt oder unkenntlich gemacht werden. Wenn Autor:innen eine andere Veröffentlichung von sich selbst zitieren, sollte in der dritten Person darüber geschrieben werden, z. B. „Wie Köker und Harmening (2021) zeigen ..." anstatt von „Wie wir (Köker und Harmening 2021) zeigen ...". Genauso sollten überprüft werden, dass Links (z. B. zu Daten oder anderem Online-Material) oder auch die Dokumente selbst in den Dateinformationen keine Hinweise auf die eigene Identität enthalten.

Formatierung von Text, Tabellen und Abbildungen Die meisten Zeitschriften machen Vorgaben zur Formatierung eingereichter Manuskripte. Diese reichen von der Festlegung von Schriftart und -größe sowie Seitenrändern und Zeilenabstand bis hin zur Nummerierung von Überschriften und Platzierung von Seitenzahlen. Viele Zeitschriften stellen hier allerdings Formatierungsvorlagen für Autor:innen bereit. Auch für Tabellen und Abbildungen machen Zeitschriften genaue Vorschriften. Hier sollte insbesondere darauf geachtet werden, ob diese Elemente an der entsprechenden Stelle im Text platziert werden sollen oder einzeln bzw. im Anhang eingereicht werden müssen. Tabellen und Abbildungen müssen bei der endgültigen Formatierung des Artikels oft separat formatiert werden, weswegen Verlage hier eine separate Präsentation bevorzugen. Genauso gilt: Alle Elemente sollten klar und übersichtlich gehalten sein und sich an der Formatierung von Tabellen und Abbildungen in früheren Ausgaben der Zeitschrift orientieren. Auf Farben und andere nicht unbedingt notwendige Elemente sollte verzichtet werden.

Quellenangaben und Zitierweise Zeitschriften und Verlage haben fast immer ihren eigenen Stil für das Zitieren von Quellen im Text und die Formatierung der Bibliografie. Frühere Ausgaben der Zeitschrift sind hier nicht immer die beste Grundlage, da sich im Laufe der Zeit Änderungen ergeben können. Es ist also wichtig, den Hinweisen für Autor:innen genau zu folgen. In den meisten Literaturverwaltungsprogrammen können unterschiedliche Zitationsstile ohnehin problemlos eingestellt und das Manuskript schnell angepasst werden. Kleinere Fehler lassen sich zudem noch später im Begutachtungsprozess korrigieren. Wird allerdings nur in Fußnoten zitiert, obwohl die Zeitschrift Quellenangaben im Harvard-Stil verlangt, wird das Manuskript mit sehr hoher Wahrscheinlichkeit direkt von der Redaktion aussortiert.

8.4   Der letzte Schritt: Die Einreichung

Der Inhalt des Aufsatzes wurde überarbeitet und der Text wurde entsprechend den Vorgaben der Zeitschrift formatiert. Jetzt fehlt nur noch der letzte Schritt: die Einreichung. Die meisten großen Fachzeitschriften nutzen Online-Portale, die Schritt für Schritt durch den Einreichungsprozess führen. Auch einige studentische Fachzeitschriften haben inzwischen Online-Systeme eingerichtet, jedoch erfolgt hier die Einreichung noch oft per E-Mail an die Redaktion. In Online-Systemen werden Autor:innen aufgefordert, ein kurzes Anschreiben zu verfassen. Auch die Einreichung per E-Mail sollte nie kommentarlos erfolgen. Im Anschreiben sollten die Autor:innen prägnant darstellen, worum es in ihrem Aufsatz geht, warum der Aufsatz gerade bei dieser Zeitschrift eingereicht wird und dass alle Vorgaben der Zeitschrift eingehalten wurden. In keinem Fall sollte dabei nur der Abstract kopiert werden – das Anschreiben ist eine Chance, die Redaktion zu überzeugen, dass es sich bei dem Manuskript um einen spannenden Beitrag handelt. Genauso ist es wichtig zu versichern, dass sich die Arbeit bei keiner anderen Zeitschrift in Begutachtung befindet – eine gleichzeitige Einreichung bei mehreren Zeitschriften wäre eine Verschwendung von Zeit und Ressourcen der Redaktionsmitglieder und Gutachter:innen. Ein typisches Anschreiben findet sich im folgenden Beispiel:

Beispiel: Vorlage eines Anschreibens

Sehr geehrte/r Frau/Herr XYZ bzw. Sehr geehrte Redaktionsmitglieder,

Hiermit übersende ich Ihnen mein Manuskript „Wer publiziert seine Hausarbeit? Studentisches Publizieren in den Sozialwissenschaften" zur Begutachtung in Ihrer Zeitschrift.
Die Veröffentlichung studentischer Forschung hat in den letzten Jahren enorm an Bedeutung gewonnen, jedoch gibt es bisher kaum vergleichende Forschung dazu, welche Studierende eigentlich ihre Arbeiten veröffentlichen. Meine Analyse stützt sich auf 18 qualitative Interviews mit studentischen Autor:innen aus unterschiedlichen Fachrichtungen und zeigt unter anderem, dass viele Autor:innen erst durch die direkte Ansprache von Dozierenden von

der Möglichkeit der Publikation ihrer Arbeiten erfuhren oder von Mitstudierenden ermutigt wurden, die bereits eigene Arbeiten veröffentlicht hatten.
Diese Ergebnisse werfen neues Licht auf die bisherige Forschung zu studentischem Publikationsverhalten – daher glaube ich, dass mein Aufsatz einen
passenden Beitrag für die „Zeitschrift für studentische Forschung" darstellt und
dort eine große Leser:innenschaft finden wird.

Das Manuskript wurde in Übereinstimmung mit den Hinweisen der Zeitschrift erstellt. Ich bestätige, dass das Manuskript noch nicht veröffentlicht
wurde und auch nicht bei einer anderen Zeitschrift zur Begutachtung eingereicht wurde.

Ich bedanke mich für die Berücksichtigung meines Manuskripts und freue
mich, von Ihnen zu hören.

Mit freundlichen Grüßen
XYZ ◄

Als Antwort auf die Einreichung erhalten Autor:innen meist eine automatische
Eingangsbestätigung per E-Mail. Wie in Kap. 4 erklärt, kann es durchaus einige
Monate dauern, bis alle Gutachten vorliegen und die Redaktion eine Entscheidung
treffen kann. Wenn es länger dauert oder sich die Redaktion nicht meldet, dürfen
Autor:innen freundlich nachfragen.

8.5   Zusammenfassung

Mit der inhaltlichen und sprachlichen Überarbeitung ihrer Qualifikationsarbeit zur
Einreichung bei einer Fachzeitschrift haben Studierende schon einen Großteil der
Arbeit hinter sich gebracht. Aber auch auf den letzten Metern müssen noch einige
Herausforderungen gemeistert werden. In diesem Kapitel haben wir die wichtigsten Kriterien für die Auswahl einer geeigneten Zeitschrift vorgestellt. Studierende
sollten vor allem prüfen, ob ihre Arbeit inhaltlich in die Zeitschrift passt. Außerdem sollten sie besonders auf die Qualität der bisher veröffentlichten Aufsätze und
auf transparente Informationen über den Begutachtungsprozess achten. Weiterhin
haben wir erläutert, wo Studierende weiteres Feedback zu ihrem Manuskript einholen können. Sowohl Dozierende und Mitstudierende als auch Kolloquien, Konferenzen und Workshops können hier infrage kommen. Abschließend haben wir
die letzten Schritte vor der Einreichung vorgestellt und sind dabei insbesondere auf
die Formatierung des Manuskripts und das Verfassen eines Anschreibens sowie die
Kommunikation mit der Redaktion eingegangen.

Im nächsten Kapitel geht es um die nächsten Schritte im Publikationsprozess. Insbesondere geben wir Hinweise zum Umgang mit Gutachten und der weiteren Überarbeitung des Manuskripts. Zudem zeigen wir, dass eine Ablehnung nicht unbedingt das Ende für das Manuskript bedeutet und erklären wie konstruktiv damit umgegangen werden kann.

Übungaufgaben

Aufgabe 1: Sie stehen nun kurz davor, Ihr Manuskript bei einer studentischen Fachzeitschrift einzureichen. Nutzen Sie die in diesem Kapitel erläuterten Kriterien – Inhalt, Qualität, Transparenz und Publikation – für die Auswahl einer Fachzeitschrift. Recherchieren Sie, welche Zeitschriften für eine Publikation in Frage kommen und erstellen Sie eine Rangliste.

Aufgabe 2: Überprüfen Sie Ihr Manuskript anhand der von uns vorgeschlagenen Gütekriterien eines Manuskriptes. Gehen Sie dazu die einzelnen Aspekte aus der Tab. 8.1 kritisch durch.

Aufgabe 3: Ist ein Manuskript inhaltlich und sprachlich soweit ausgearbeitet, kann es schließlich bei einer Fachzeitschrift eingereicht werden. Dabei ist es wichtig, die Formalia der Fachzeitschrift einzuhalten, um nicht direkt von der Redaktion abgelehnt zu werden. In Abschn. 8.3 haben wir die wichtigsten Aspekte zusammengestellt, die bei der Vorbereitung des Manuskripts zu beachten sind. Orientieren Sie sich an diesen Kriterien und informieren Sie sich auch über die Formatvorgaben der von Ihnen ausgewählten Fachzeitschrift. Erstellen Sie eine eigene Checkliste mit den Arbeitsschritten, die Sie vor der Einreichung erledigen müssen.

Das Manuskript im Review: Gutachten und Überarbeitung

9

In diesem Kapitel:

- Was passiert nach der Einreichung?
- Wie sehen Gutachten aus und wie geht man mit ihnen um?
- Wie lässt sich konstruktiv mit einer Ablehnung umgehen?

Kein Manuskript lässt sich ohne Änderungen veröffentlichen – Gutachter:innen und Herausgeber:innen verlangen nahezu immer Überarbeitungen oder gar eine vollständige Neuausrichtung des eingereichten Aufsatzes. In diesem Kapitel steht der Umgang mit Fachgutachten im Fokus. Wir erklären zunächst die unterschiedlichen Formate von Gutachten und wie Studierende die wichtigsten Punkte identifizieren können. Im nächsten Schritt geben wir Hinweise zur systematischen Überarbeitung des eigenen Aufsatzes auf Basis der Hinweise in den Gutachten. Genauso wichtig wie Überarbeitung ist dabei die richtige Dokumentation und das Antwortschreiben an die Redaktion und die Gutachter:innen. Abschließend geben wir Tipps, wie Studierende konstruktiv mit Ablehnungen umgehen können.

9.1 Gutachten lesen und aufbereiten

Nachdem einige Zeit seit der Einreichung vergangen ist, liegt nun eine Entscheidung der Redaktion vor. Im Idealfall hat sie das Manuskript nicht nur für passend und relevant befunden und externe Gutachten eingeholt, sondern die

P. Köker, M. Harmening, *Studentisches Publizieren in den Sozialwissenschaften*, https://doi.org/10.1007/978-3-658-43169-3_9

Gutachter:innen sehen in dem Aufsatz auch hinreichend Potenzial zur Publikation. Zusammen mit den Gutachten teilt die Redaktion den Autor:innen in diesem Fall ihre Entscheidung mit und gibt ihnen die Möglichkeit, das Manuskript zu überarbeiten und erneut einzureichen (*Revise and Resubmit*). Dies bedeutet, dass das Manuskript noch nicht zur Publikation angenommen ist – eine direkte Annahme ohne weitere Überarbeitung kommt praktisch nie vor. Natürlich kann es auch vorkommen, dass der Aufsatz von der Redaktion auf Basis der Gutachten abgelehnt wird (*Reject after Review*) oder gar nicht erst in die Begutachtung gegeben wird (*Desk Reject*). Im Folgenden beschäftigen wir uns zunächst mit dem Idealfall; in Abschn. 9.3 gehen wir näher auf den Umgang mit Ablehnungen ein.

Wenn Redaktion und Gutachter:innen Änderungen fordern, können diese relativ gering ausfallen und nur kleinere Änderungen oder Ergänzungen beinhalten (*Minor Revisions*). Es kommt jedoch häufiger vor, dass Autor:innen grundlegendere Überarbeitungen an ihrem Manuskript vornehmen müssen (*Major Revisions*). In diesem Fall wird der Aufsatz nach der Überarbeitung noch einmal an die Gutachter:innen geschickt und die Redaktion urteilt anschließend erneut über die Annahme oder Ablehnung des Manuskripts. Auch bei *Minor Revisions* kann es zu einer erneuten Begutachtung kommen. Allerdings geht die Redaktion in diesem Fall bereits davon aus, dass der Aufsatz publiziert werden kann.

Für Fachgutachten gibt es kein einheitliches Format. Die meisten Zeitschriften bitten Gutachter:innen zwar einige standardisierte Fragen zu beantworten, Wissenschaftler:innen sind aber frei darin, wie sie ihre weiteren Kommentare strukturieren. Diese können also in Stichpunkten strukturiert sein oder in Berichtsform als Fließtext. Es ist zudem möglich, dass Gutachter:innen Kommentare direkt an den Text schreiben. Fachzeitschriften unterscheiden sich zusätzlich darin, wie die Gutachten redaktionell aufbereitet werden. Viele Redaktionen geben die Gutachten ohne weitere Bearbeitung an die Autor:innen weiter, während andere sie zusammenfassen oder eigene Punkte hinzufügen. Es ist wichtig, sich mit der Arbeitsweise der Redaktion und der spezifischen Aufbereitung der Gutachten vertraut zu machen, um Kritikpunkte systematisch herauszuarbeiten und das Manuskript erfolgreich überarbeiten zu können.

Zur Veranschaulichung der nächsten Schritte haben wir zwei Beispielgutachten erstellt, die sich in der Aufmachung und auch im Inhalt voneinander unterscheiden. Die Gutachten beziehen sich auf das fiktive Manuskript aus dem vorherigen Kap. 8 (Siehe Abschn. 8.4).

Beispiel: Gutachten für einen Fachaufsatz

Gutachten 1:

Bewertung: Minor revisions; Revise and Resubmit

Es handelt sich bei dem Manuskript „*Wer publiziert seine Hausarbeit*", um einen sehr spannenden Beitrag, der thematisch grundsätzlich gut für die „Zeitschrift für studentische Forschung" geeignet ist. Allerdings sollten vor einer Publikation einige Aspekte überarbeitet werden.

Generelle Anmerkungen

Insgesamt sollte das Papier die Forschungslücke und die Relevanz noch deutlicher hervorheben. Es wird zwar darauf hingewiesen, dass es wenig Forschung zum studentischem Publizieren gibt, allerdings sollte diese Lücke prominenter gemacht werden, um den wissenschaftlichen Beitrag nicht zu untergraben.

Weiter ist anzumerken, dass der Begriff des studentischen Publizierens klarer abgegrenzt werden sollte. Handelt es sich dabei nur um Publikationen in studentischen Fachzeitschriften oder generell darum, dass Studierende etwas publizieren? Dies sollte direkt zu Beginn deutlicher gemacht werden.

Einleitung

Es ist positiv hervorzuheben, dass in der Einleitung die studentische Publikationslandschaft einmal dargestellt wird. Allerdings ist unklar, warum sich auf die deutsche Publikationslandschaft beschränkt wird. Da diese sehr begrenzt ist, sollten auch Publikationsmöglichkeiten aus anderen Ländern mit einbezogen werden (bspw. Politikon – das Journal der IAPSS).

Forschungsstand und theoretische Erwartungen

Der Forschungsstand ist insgesamt gut geschrieben und angemessen strukturiert. Allerdings ist dieser auch sehr auf deutsche Literatur beschränkt. Es wird dringend empfohlen, einen stärkeren Fokus auf englischsprachige Literatur zu legen.

Die theoretischen Erwartungen sind ad hoc und zum Teil sehr deskriptiv. Dies stellt allerdings nicht unbedingt ein Problem dar, da wir bisher wenig über die Beweggründe von Studierenden zum Publizieren kennen. Die deskriptive Ergebnissen haben also an sich einen wissenschaftlichen Mehrwert.

Forschungsdesign und Ergebnisse

Qualitative Interviews sind geeignet zur Bearbeitung der Fragestellung. Die Interviews wurden angemessen durchgeführt und aufbereitet. Es sollte allerdings stärker darauf eingegangen werden, wie genau Befragte für die

Umfrage akquiriert wurden. Wie wurden die Journals ausgewählt? Wie haben die Journals Befragte für die Umfrage gewonnen? Gab es in diesem Prozess Probleme? Finden sich Muster bei den Befragten, wodurch die Auswahl systematisch verzerrt sein könnte (z. B. wenn Autor:innen aus bestimmten Subdisziplinen systematisch nicht an der Umfrage teilgenommen haben)?

Gutachten 2:

Bewertung: Major Revisions; Revise and Resubmit

Das Manuskript hat Potenzial und behandelt eine interessante Forschungsfrage. Allerdings weist dieses sowohl theoretische als auch methodische Schwächen auf, wodurch es aktuell nicht zur Veröffentlichung empfohlen werden kann. Insgesamt ist auch anzumerken, dass das Manuskript insgesamt einige Rechtschreibfehler enthält und teilweise unsauber geschrieben ist (siehe Kommentare am Text). Eine sprachliche Überarbeitung wird neben den inhaltlichen Aspekten dringend empfohlen.

Einleitung

- Es muss deutlicher gemacht werden, was unter studentischem Publizieren verstanden wird. Viele Leser*innen werden wenig oder keine Berührungspunkte damit gehabt haben.

Forschungsstand

- Der Forschungsstand enthält nur Literatur zum studentischen Publizieren. Allerdings wurden ähnliche Forschungsfragen bereits im Kontext nicht-studentischen Publizierens untersucht. Diese Literatur sollte unbedingt eingebunden werden.
- Nach dem Aufarbeiten der fehlenden Literatur sollte der Forschungsstand umgeschrieben werden → Bisher sind bestehende Papiere eher willkürlich zusammengesetzt. Ich würde empfehlen, die Literatur auf Basis der unabhängigen Variablen zu strukturieren.

Theorie

- Es werden zwar Mechanismen postuliert, aber nicht angemessen hergeleitet (auch dies ist vermutlich der unzureichenden Literatursammlung geschuldet).

- Es wird empfohlen, die Theorie abstrakter zu fassen und auch allgemeinere Erwartungen zu formulieren, die nicht zwangsläufig *nur* für studentisches Publizieren gelten.
  - Spezifische Hypothesen sind dennoch möglich – sollten aber nicht den gesamten Raum einnehmen.

Empirische Strategie

- Entscheidung für Interviews eher unklar → Besser begründen!
- Ähnliche Forschungsfragen wurden bisher überwiegend quantitativ bearbeitet.
  - Großer Vorteil: Größere Fallzahl, da vermutlich mehr Autor:innen an Umfragen teilnehmen würden als an Interviews.
  - 3 von 4 Hypothesen lassen sich quantitativ mit gleicher Validität überprüfen.
- Vorschlag: Die zusätzliche Durchführung einer quantitativen Analyse in Kooperation mit den Fachzeitschriften würde der Überprüfung von H1–H3 deutlich an Gewicht verleihen. ◄

Die beiden Gutachten sind sehr unterschiedlich – sowohl in der Bewertung als auch im Stil. Das erste Gutachten ist deutlich positiver und hat nur kleinere Anmerkungen, während das zweite Gutachten fundamentale Änderungen vorschlägt. Außerdem ist das zweite Gutachten deutlich schlanker gestaltet, da einzelne Gedanken in Stichpunkten dargestellt werden. Wie mit den Gutachten umgegangen wird, hängt nun vor allem von der Entscheidung der Redaktion ab. In diesem Fall hat sie sich für ein *Revise and Resubmit* mit *Major Revisions* entschieden, da sie die Punkte beider Gutachter:innen für plausibel hält, aber vor allem die Schwächen sieht, die vom zweiten Gutachter hervorgehoben werden.

Um das Manuskript in Hinblick auf die beiden Gutachten zu überarbeiten, hilft es, die Kritikpunkte der einzelnen Gutachten zunächst zusammenzuführen (es sei denn, dies wurde schon von der Redaktion getan). Dieser Schritt hat den Vorteil, dass ähnliche Kommentare der Gutachter:innen zusammengefasst werden und sich Autro:innen einen Überblick über alle kritischen Punkte verschaffen können. Dafür gibt es verschiedene Möglichkeiten. Beispielsweise können die Gutachten in tabellarischer Form zusammengefasst werden (Tab. 9.1).

Tab. 9.1 stellt beispielhaft drei der Kritikpunkte dar. Gleichzeitig dient sie als Arbeitshilfe für die Überarbeitung, die immer wieder aktualisiert wird. In der ersten Spalte wird jeweils ein Kritikpunkt zusammengefasst. In der zweiten Spalte wird dokumentiert, wie mit dem Kritikpunkt umgegangen werden soll, während in

Tab. 9.1 Systematische Aufbereitung von Gutachten in einer Tabelle

Kritikpunkt	Umgang mit der Kritik	Stand der Überarbeitung	Gutachten
Forschungslücke und die Relevanz noch deutlicher hervorheben	Es wird bereits in der Einleitung deutlicher gemacht, dass es zu der Forschungsfrage bisher keine Literatur gibt. Außerdem werden die Vorteile vom studentischen Publizieren deutlicher gemacht (hier Köker und Harmening 2024 zitieren)	Noch nicht eingearbeitet	Gutachten 1
Konzeptspezifikation studentisches Publizieren	Klar abgrenzen, was studentisches Publizieren bedeutet, wie es sich von nicht-studentischen Publikationen unterscheidet und dass sich in der Arbeit nur auf studentisches Publizieren konzentriert wird	Eingearbeitet	Gutachten 1 + 2
Weitere studentische Journals einbauen	Weitere Journals recherchieren und in die Einleitung integrieren	Recherche abgeschlossen – Einarbeitung ausstehend	Gutachten 1
Usw.	Usw.	Usw.	Usw.

der dritten Spalte vermerkt wird, welche Änderungen schon vorgenommen wurden. In der vierten Spalte wird festgehalten, aus welchem Gutachten die Kritik stammt. Auch wenn die Tabelle einfach erscheint, ist eine übersichtliche Darstellung aller Kritikpunkte Grundlage für eine systematische Überarbeitung. Auf diese Weise lassen sich alle Kritikpunkte Schritt für Schritt abarbeiten und es wird keiner der Punkte vergessen. Die Dokumentation dessen, wie mit den Kommentaren der Gutachter:innen umgegangen wurde, hilft auch beim späteren Verfassen des Antwortschreibens (*Response Letter*; siehe Abschn. 9.3).

Neben einer tabellarischen Form können die Kritikpunkte auch als Stichpunkte in einer Liste zusammengefasst werden (Tab. 9.2). Hier werden die Kritikpunkte als übergeordnete Gliederung verwendet. Die Informationen aus den Spalten in Tab. 9.1 werden als Stichpunkte darunter gesetzt. Ansonsten funktioniert die Liste genauso wie die Tabelle – es handelt sich lediglich um eine andere Darstellungsweise. Der große Vorteil ist, dass sich die Liste einfacher in ein Antwortschreiben integrieren lässt, da sie sich vom Format her wenig unterscheidet (siehe

Tab. 9.2 Systematische Aufbereitung von Gutachten in einer Liste

---

Forschungslücke und die Relevanz noch deutlicher hervorheben
- Kritik von Gutachten 1
- Stand der Überarbeitung: Noch nicht eingearbeitet
- Umgang mit der Kritik
  - Es wird bereits in der Einleitung deutlicher gemacht, dass es zu der Forschungsfrage bisher keine Literatur gibt.
  - Außerdem werden die Vorteile vom studentischen Publizieren deutlicher gemacht (hier Köker und Harmening 2024 zitieren)

Konzeptspezifikation studentisches Publizieren
- Kritik von Gutachten 1 + 2
- Stand der Überarbeitung: Eingearbeitet
- Umgang mit der Kritik
  - Klar abgrenzen, was studentisches Publizieren bedeutet, wie es sich von nicht-studentischen Publikationen unterscheidet und dass sich in der Arbeit nur auf studentisches Publizieren konzentriert wird

Weitere studentische Journals einbauen
- Kritik von Gutachten 1
- Stand der Überarbeitung: Recherche abgeschlossen – Einarbeitung ausstehend
- Umgang mit der Kritik
  - Weitere Journals recherchieren und in die Einleitung integrieren

Usw.

Abschn. 9.3). Sowohl bei der Tabelle als auch bei der Liste ist es möglich, den Wortlaut der einzelnen Kommentare aufzunehmen. Gerade bei langen Gutachten kann es hier aber schnell unübersichtlich werden.

9.2 Strategische Überarbeitung auf Basis der Gutachten

Nach der systematischen Aufbereitung der Gutachten stellt sich die Frage, wie die eigentliche Überarbeitung durchgeführt und wie mit widersprüchlichen Kommentaren der Gutachter:innen umgegangen werden soll. Generell empfehlen wir: Bei der Überarbeitung sollte nicht mehr getan werden als gefordert, aber alles, was gefordert wird.

Die Einarbeitung der meisten Kritikpunkte ist oft unproblematisch. So ist beispielsweise die Berücksichtigung zusätzlicher Literatur im Forschungsstand einfach umzusetzen. Es kann jedoch auch vorkommen, dass Autor:innen mit den Kommentaren der Gutachter:innen nicht übereinstimmen und Vorbehalte haben, diese umzusetzen. Autor:innen sind selbstverständlich von ihrem eigenen Manuskript überzeugt. Da der Begutachtungsprozess jedoch sicherstellen soll, dass Ergebnisse von Wissenschaftler:innen aus dem gesamten Fachgebiet akzeptiert werden und für alle nachvollziehbar sind, ist es trotzdem ratsam auch vermeintlich ungerechtfertigte Kritikpunkte ernstzunehmen. Autor:innen sollten idealerweise alle Änderungsvorschläge aufnehmen – auch wenn sie nicht unbedingt den persönlichen Präferenzen entsprechen. Sie sollten zudem bedenken, dass selbst größere oft Kritikpunkte nur kleine Änderungen erfordern. Das strategische Einfügen oder Ändern von Halbsätzen sowie eine präzise gefasste Fußnote können schon ausreichen, um einen Kritikpunkt auszuräumen und Gutachter:innen zufriedenzustellen.

Manche Kritikpunkte können nicht umgesetzt werden. In unserem Beispiel wurde in Gutachten 2 beispielsweise empfohlen, zusätzlich zu den qualitativen Interviews eine quantitative Befragung durchzuführen. Stellen wir uns vor, der oder die Autor:in hätte tatsächlich versucht eine solche Umfrage durchzuführen. Trotz großer Bemühungen war es allerdings nicht möglich, Fachzeitschriften als Kooperationspartner zu gewinnen. Eine Umfrage ist also nicht umsetzbar – dies lässt sich aber sehr gut begründen. Solange hier der Versuch der Umsetzung hinreichend dokumentiert wird, zeigen Gutachter:innen fast immer Verständnis. Falls Autor:innen einen Änderungsvorschlag nicht umsetzen wollen, z. B. weil die Umsetzung den Artikel deutlich verschlechtern oder seine Grundausrichtung ändern würde, kann eine Änderung auch abgelehnt werden. Dies erfordert allerdings eine extrem gute fachliche Begründung und ausführliche Erklärung. Bevor Studierende einen Änderungsvorschlag nicht umsetzen, sollten sie ihre Dozierenden fragen und sich beraten lassen. Falls Gutachter:innen einen Aspekt einfach nur falsch verstanden haben, müssen Autor:innen dennoch ihren Text so überarbeiten, dass solche Missverständnisse vermieden werden.

Schließlich kann es vorkommen, dass sich die Gutachter:innen widersprechen und Autor:innen nicht beiden gerecht werden können. Hier empfiehlt es sich, die Redaktion um Rat zu fragen und selbst zu überlegen, welcher Änderungsvorschlag überzeugender ist.

9.3   Auf Gutachten antworten und Änderungen dokumentieren

Ein Kernelement der Überarbeitung wissenschaftlicher Aufsätze im Rahmen eines Begutachtungsverfahrens ist das sogenannte Antwortschreiben (*Response Letter*) sowie die angemessene Dokumentation der Änderungen. Das Antwortschreiben ist an die Gutachter:innen und die Redaktion adressiert und erläutert wie die Autor:innen mit den Gutachten umgegangen sind. Insbesondere sollte hier gezeigt werden, dass alle Kritikpunkte angemessen reflektiert wurden und die Autor:innen sich bemüht haben, ihr Manuskript auf Basis der Gutachten zu verbessern. Gleichzeitig enthält das Antwortschreiben konkrete Informationen dazu, wo im Text Änderungen vorgenommen wurden.

Ein gutes Antwortschreiben stellt für die Redaktion und die Gutachter:innen eine enorme Arbeitserleichterung dar. Autor:innen sollten sich daher Mühe geben, ihre Überarbeitungen angemessen zu dokumentieren und sich ihre Antworten auf die Kommentare und Fragen der Gutachter:innen zu überlegen. Auch wenn dies natürlich etwas zusätzliche Arbeitet bedeutet, kann es dabei helfen, Vorbehalte auszuräumen und kritische Redaktionsmitglieder und Gutachter:innen von der Arbeit zu überzeugen. Wer unsere Vorschläge zur Aufbereitung der Gutachten aus dem letzten Abschnitt befolgt hat, hat zudem schon einen Großteil der Arbeit abgeschlossen. Aber wie kann nun ein solches Antwortschreiben aussehen? Im Folgenden geben wir ein Beispiel – aus Platzgründen enthält dieses allerdings wieder nur die ersten drei Aspekte aus den Gutachten.

Beispiel: Antwortschreiben an die Gutachter:innen und die Redaktion

Sehr geehrte Redaktion, sehr geehrte Gutachter:innen,
Ich bin für Ihre zahlreichen und konstruktiven Vorschläge äußerst dankbar. Im Folgenden dokumentiere ich meine Änderungen am Manuskript, indem ich auf die einzelnen Punkte kurz eingehe.

Gutachter:in 1

Insgesamt sollte das Papier die Forschungslücke und die Relevanz noch deutlicher hervorheben. Es wird zwar darauf hingewiesen, dass es wenig Forschung zum studentischem Publizieren gibt, allerdings sollte diese Lücke prominenter gemacht werden, um den wissenschaftlichen Beitrag nicht zu untergraben.

> *Vielen Dank für diesen hilfreichen Kommentar. Ich habe nun bereits in der Einleitung deutlicher gemacht, dass es zu der Forschungsfrage bisher keine Literatur gibt. Außerdem werden die Vorteile vom studentischen Publizieren deutlicher gemacht. Dabei wurde besonders auf Köker und Harmening (2024) Bezug genommen.*

Weiter ist anzumerken, dass der Begriff des studentischen Publizierens klarer abgegrenzt werden sollte. Handelt es sich dabei nur um Publikationen in studentischen Fachzeitschriften oder generell darum, dass Studierende etwas publizieren? Dies sollte direkt zu Beginn deutlicher gemacht werden.

> *Das ist ein wichtiger Punkt, den ich in der ersten Version des Manuskripts tatsächlich noch nicht genügend ausgearbeitet hatte. Ich habe nun klarer ab-*

gegrenzt, was studentisches Publizieren bedeutet und wie es sich von nicht-studentischen Publikationen unterscheidet. Als Unterscheidungsmerkmal habe ich mich vor allem an den verschiedenen Fachzeitschriften orientiert und herausgearbeitet, wie sich diese von nicht-studentischen Fachzeitschriften unterscheiden.

Es ist positiv hervorzuheben, dass in der Einleitung die studentische Publikationslandschaft einmal dargestellt wird. Allerdings ist unklar, warum sich auf die deutsche Publikationslandschaft beschränkt wird. Da diese sehr begrenzt ist, sollten auch Publikationsmöglichkeiten aus anderen Ländern mit einbezogen werden (bspw. Politikon – das Journal der IAPSS).

> *Vielen Dank für diesen hilfreichen Kommentar. Da sich der empirische Teil des Aufsatzes nur auf Autor:innen aus Deutschland bezog, hatte ich Darstellung hier ebenfalls auf deutschsprachige Zeitschriften beschränkt. Auf Basis einer ausführlichen Recherche habe ich die Liste um englischsprachige studentische Zeitschriften ergänzt (siehe Tab. 1 auf S. 2).*

Gutachter:in 2

Es muss deutlicher gemacht werden, was unter studentischem Publizieren verstanden wird. Viele Leser*innen werden wenig oder keine Berührungspunkte damit gehabt haben.

> *Vielen Dank für diesen Hinweis, der auch von Gutachter:in 1 angemerkt wurde. Die Spezifikation des Begriffs wurde bei der Überarbeitung des Manuskripts weiter ausgebaut. Dazu habe ich zusätzliche Literatur herangezogen, die diesen Begriff ebenfalls verwendet. Außerdem wurde studentisches Publizieren von nicht-studentischem Publizieren deutlicher abgegrenzt.* ◀

Zusätzlich zu einem Antwortschreiben ist es auch möglich, die Änderungen im Text hervorzuheben. Hierfür gibt es jedoch keine etablierten Standards und nur wenige Zeitschriften machen explizite Vorgaben. Im Zweifelsfall lohnt es sich, bei der Redaktion nachzufragen, wie es in der jeweiligen Zeitschrift gehandhabt wird bzw. gewünscht ist. Auch wenn es nicht explizit gefordert wird, empfehlen wir, die Änderungen in irgendeiner Form am Text nachvollziehbar zu machen. Eine einfache Möglich ist es, die geänderten Stellen farblich zu markieren. So sehen die Gutachter:innen nicht nur, an welchen Stellen Änderungen vorgenommen wurden, sondern können auch einfacher abschätzen, inwiefern das Manuskript als Ganzes überarbeitet wurde. Eine weitere Möglichkeit ist es, die Funktion „Änderungen nachvollverfolgen" des jeweiligen Textverarbeitungsprogramms zu nutzen. Dies kann aber schnell sehr unübersichtlich werden und wird nicht von allen Fachzeitschriften akzeptiert. In jedem Fall müssen Autor:innen darauf achten, dass ihr Name nicht in den Kommentaren oder Änderungen zu sehen ist, damit die Anonymität des Begutachtungsprozesses gewahrt bleibt.

9.4 Konstruktiv mit Ablehnungen umgehen

Die Ablehnung eines Manuskripts – ganz gleich ob vor oder nach einem Begutachtungsprozess – ist immer enttäuschend. Auch erfahrene Wissenschaftler:innen ärgern sich, wenn ihre Manuskripte nicht zur Publikation angenommen werden. Für eine Ablehnung muss sich aber niemand schämen – da Fachzeitschriften nicht jede Einreichung veröffentlichen können, sind Ablehnungen ein ganz normaler Teil des Publikationsprozesses. Trotz aller Enttäuschung ist es wichtig, mit einer Ablehnung konstruktiv umzugehen und sie als Chance zu begreifen. Dafür kann es helfen, die Ablehnung „sacken zu lassen" und sich nach einigen Tagen mit neuer Motivation wieder an die Arbeit am Manuskript sowie eine mögliche Neu-Einreichung zu begeben. Für die nächsten Schritte ist dann entscheidend, warum die Arbeit abgelehnt wurde und ob dies vor der Begutachtung (*Desk Reject*) oder auf Basis der Kommentare von Gutachter:innen (*Reject after Review*) geschehen ist.

Die für Autor:innen wohl angenehmste Ablehnung eines Manuskripts ist ein *Desk Reject* mit der Begründung, dass das Manuskript inhaltlich nicht in die Fachzeitschrift passt. Dies kann dadurch begründet sein, dass das Manuskript einen anderen thematischen Schwerpunkt hat als die Fachzeitschrift und dies bei der Auswahl der Zeitschrift übersehen wurde. Es gibt aber auch weniger offensichtliche Gründe, aus denen die Redaktion Manuskripte auf diese Weise ablehnt. Beispielsweise kann es sein, dass die Zeitschrift gerade ein Sonderheft veröffentlicht hat, in dem ein sehr ähnlicher Forschungsgegenstand oder eine sehr ähnliche Fragestellung behandelt wurde. In diesen Fall sind Fachzeitschriften weniger an einem Aufsatz interessiert, auch wenn dieser inhaltlich grundsätzlich passen würde. Bei einem *Desk Reject* aus den oben genannten Gründen können Autor:innen das Manuskript ohne weitere Überarbeitung direkt bei einer anderen Fachzeitschrift einreichen.

Die direkte Ablehnung eines Manuskripts durch die Redaktion in anderen Fällen erfordert nahezu immer eine größere Überarbeitung. Falls die Redaktion in ihrer Begründung auf inhaltliche oder formale Mängel hinweist, sollten Autor:innen das Manuskript auf keinen Fall ohne weitere Überarbeitung bei einer anderen Zeitschrift einreichen. Selbst wenn Studierende mit dem Feedback nicht zufrieden sind, sollten sie versuchen, sich in die Lage der Redaktion zu versetzen und das Feedback dazu nutzen, ihr Manuskript zu verbessern, bevor sie es bei einer anderen Zeitschrift einreichen.

Die meisten Manuskripte werden von Fachzeitschriften erst nach der Begutachtung abgelehnt. Eine Ablehnung an diesem Punkt ist zwar nicht weniger enttäuschend, bedeutet aber, dass die Autor:innen die Redaktion zumindest im ersten Schritt überzeugen konnten. Es ist sinnvoll mit dem Feedback aus den Gutachten genau so umzugehen, wie in Abschn. 9.2 beschrieben. Natürlich muss bei einer Ablehnung kein Antwortschreiben an die Gutachter:innen und Redaktion geschrieben werden. Dennoch hilft die systematische Aufbereitung der Gutachten bei der anschließenden Überarbeitung. Wie auch bei einem *Desk Reject*, sollte ein Manuskript, das nach der Begutachtung abgelehnt wurde, nicht ohne Überarbeitung an eine andere Zeitschrift geschickt werden. Zum einen ist es sehr wahrscheinlich, dass die Gutachter:innen sinnvolle Änderungsvorschläge gemacht haben. Zum anderen kann es durchaus vorkommen, dass die nächste Zeitschrift wieder die gleichen Wissenschaftler:innen zur Begutachtung anfragt. Wenn diese sehen, dass das Manuskript nicht überarbeitet wurde, werden sie es selbstverständlich erneut ablehnen. Wurden ihre Kommentare jedoch berücksichtigt, sind die Gutachter:innen einem Manuskript gegenüber deutlich positiver eingestellt.

Studierende, die sich nicht sicher sind, wie sie am besten mit einer Ablehnung umgehen sollen, sollten sich an ihre Dozierenden wenden, um das weitere Vorgehen zu besprechen. Diese können dabei helfen, die wichtigen von weniger wichtigen Kritikpunkte zu trennen und eine Strategie zur Überarbeitung zu entwerfen. Zusätzlich kann in Erwägung gezogen werden, das Format des eigenen Manuskripts zu ändern. Wenn Gutachter:innen beispielsweise kritisieren, dass sich der Aufsatz vom Umfang her nicht zur Publikation in einer Fachzeitschrift eignet, sind eine kürzere *Research Note* oder ein Blogpost vielleicht besser zur Verbreitung der Ergebnisse geeignet. Ebenso können Ideen auch in eine andere Richtung weiterentwickelt oder mit anderen Forschungsvorhaben kombiniert werden.

Zusammenfassend ist festzuhalten, dass sich (studentische) Autor:innen von einer Ablehnung ihres Manuskripts nicht entmutigen lassen sollten. Die Aufsätze erfahrener Wissenschaftler:innen müssen ebenfalls ein Begutachtungsverfahren durchlaufen und werden dabei ebenfalls immer wieder abgelehnt. Diese Ablehnung ist leider Teil der Wissenschaft, trägt aber langfristig dazu bei, dass nur qualitativ hochwertige Aufsätze veröffentlicht werden. Für Studierende sollte hier zunächst der Weg das Ziel sein – der Prozess allein ist hilfreich, um Erfahrungen zu sammeln und Feedback zu erhalten, das auch bei anderen Arbeiten von Nutzen ist.

9.5   Zusammenfassung

Der wissenschaftliche Begutachtungsprozess ist immer eine Chance, die eigene Arbeit zu verbessern – ganz egal, ob die Kommentare der Redaktion und der Gutachter:innen positiv ausfallen oder nicht. In diesem Kapitel haben wir uns mit den Schritten nach der Einreichung eines Manuskripts bei einer Fachzeitschrift befasst. Im Idealfall erhalten Autor:innen nach einiger Wartezeit eine positive Rückmeldung von der Redaktion – zusammen mit den Kommentaren der Fachgutachter:innen. Anhand zweier Beispielgutachten haben wir hier gezeigt, wie sich diese Kommentare übersichtlich zusammenfassen lassen, um Änderungsvorschläge anschließend systematisch einarbeiten zu können. Bei der Überarbeitung eines Manuskripts sollte alles umgesetzt werden, was gefordert wird, aber auch nicht mehr. Autor:innen sollten auf alle Kritikpunkte eingehen und sich diesen nur in Ausnahmefällen verweigern. Außerdem sollten alle Änderungen stets transparent dokumentiert werden, um im nächsten Schritt den Gutachter:innen und der Redaktion die Überprüfung der Überarbeitung zu erleichtern. Leider ist nicht jede Einreichung bei einer Fachzeitschrift erfolgreich – tatsächlich kann es auch in studentischen Fachzeitschriften vorkommen, dass mehr als die Hälfte der eingereichten Manuskripte abgelehnt wird. Eine Ablehnung sollte stets als Lernmöglichkeit gesehen werden und muss nicht unbedingt das Ende eines Aufsatzes bedeuten.

Wurden die geforderten Änderungen von den Autor:innen eingearbeitet und diese auch von Gutachter:innen und der Redaktion als ausreichend angesehen, ist das Manuskript (fast) am Ende des Publikationsprozesses angelangt: Der Aufsatz wird zur Publikation akzeptiert und erscheint bald in der Fachzeitschrift. Im nächsten Kapitel erklären wir, wie sich der eigene Aufsatz dann am besten verbreiten lässt und erläutern die wichtigsten Aspekte des Urheberrechts.

Übungsaufgaben

Aufgabe 1: Schauen Sie sich die Webseite der von Ihnen ausgewählten Fachzeitschrift genau an. Gibt es dort Informationen über den zeitlichen Rahmen des Begutachtungsprozesses? Oder gibt es möglicherweise Angaben zur Ablehnungs- bzw. Publikationsquote von Aufsätzen?

Aufgabe 2: Einige Zeitschriften erläutern auf Ihrer Webseite die unterschiedlichen Entscheidungsoptionen der Redaktion (*Reject*, *Major Revision*, *Minor Revisions*, etc) sowie ihre Bedeutung. Recherchieren Sie, welche Informationen die von Ihnen ausgewählte Zeitschrift bereitstellt. Sollten Sie für Ihren Aufsatz ein *Revise and Resubmit* erhalten haben, achten Sie genau darauf, wie viel Zeit Sie für die Überarbeitung haben und wie Sie Änderungen dokumentieren sollen.

Weiterführende Literatur

Ansell, B. W., & Samuels, D. J. (2021). Desk rejecting: A better use of your time. *PS: Political Science & Politics, 54*(4), 686–689. https://doi.org/10.1017/S1049096521000482

- Desk Rejects werden von Redaktionen sehr unterschiedlich behandelt – während manche Herausgeber:innen versuchen, nahezu jeden Aufsatz in die Begutachtung zu geben, versuchen andere, schon vorher Papiere auszusortieren. In diesem Aufsatz analysieren die Herausgeber von *Comparative Political Studies*, inwiefern ihre *Desk Reject*-Entscheidungen gerechtfertigt waren.

Otte, G. (2019). Ein Blick in die Black Box des Review-Verfahrens. *Zeitschrift für Soziologie, 48*(1), 1–5. https://doi.org/10.1515/zfsoz-2019-0001

- Wissenschaftliche Begutachtungsverfahren sind für Autor:innen oft nicht einfach zu durchschauen. In diesem Beitrag analysiert Gunnar Otte, Mitherausgeber der *Zeitschrift für Soziologie*, Einreichungen und Gutachten aus den Jahren 2015 und 2016 und gibt so einen Einblick hinter die Kulissen der Verfahren und Entscheidungsprozesse in der Redaktion.

Weller, C. (2004). Beobachtungen wissenschaftlicher Selbstkontrolle. Qualität, Schwächen und die Zukunft des Peer Review-Verfahrens. *Zeitschrift für Internationale Beziehungen*, 365–394. https://doi.org/10.5771/0946-7165-2004-2-365

- Schon lange diskutieren Wissenschaftler:innen, inwiefern Begutachtungsverfahren tatsächlich zur einer Verbesserung der Manuskripte beitragen. In diesem Beitrag reflektiert Christoph Weller, Mitherausgeber der *Zeitschrift für Internationale Beziehungen*, die Qualität der erhaltenen Fachgutachten in den ersten acht Jahren des Bestehens der Zeitschrift und formuliert Kriterien zur Verbesserung des Verfahrens.

Publiziert – und jetzt?

10

In diesem Kapitel:

* Wie und wo darf man einen publizierten Aufsatz verbreiten?
* Welche Plattformen werden von Wissenschaftler:innen zur Verbreitung von Artikeln genutzt?
* Was ist die VG Wort und wie macht man von seinem Urheberrecht Gebrauch?

Nach Begutachtung und Überarbeitung ist der Aufsatz endlich zur Publikation angenommen! Doch was folgt jetzt? In diesem Kapitel erklären wir, wie und über welche Plattformen sich publizierte Artikel verbreiten lassen und welche (urheberrechtlichen) Grenzen es dabei gibt. Dabei gehen wir nicht nur auf nützliche Online-Profile wie ORCID und Google Scholar ein, sondern erläutern auch die Funktionsweise der VG Wort.

10.1 Werbung, Weiterverbreitung und Urheberrecht

Endlich ist der Aufsatz auf der Webseite der Zeitschrift bzw. des Verlags (oder vielleicht sogar in gedruckter Form) für die Wissenschaftswelt zugänglich. Ein solcher Erfolg verdient Anerkennung. Schließlich ist der Weg von einer Haus- oder Abschlussarbeit zur Publikation kein einfacher und mit viel Arbeit verbunden. Natürlich wollen Autor:innen jetzt die Früchte ihrer harten Arbeit mit einer breiten Leser:innenschaft teilen und sicherstellen, dass die Forschungsergebnisse von anderen wahrgenommen werden. Doch wie bringt man die eigene Forschung am besten ins wissenschaftliche Rampenlicht? Und welche Aspekte gilt es hierbei zu berücksichtigen?

P. Köker, M. Harmening, *Studentisches Publizieren in den Sozialwissenschaften*, https://doi.org/10.1007/978-3-658-43169-3_10

Am unkompliziertesten lässt sich Werbung für die Publikation zu machen, indem der Link zum Aufsatz geteilt wird. Hierbei gibt es grundsätzlich keine Einschränkungen – ganz egal ob Autor:innen dies über soziale Medien, die eigene Webseite oder andere Online-Profile tun. Auch die eigene Hochschule ist möglicherweise daran interessiert, die Forschungsleistung ihrer Studierenden öffentlich zu machen – vielleicht gibt es eine Rubrik für Neuigkeiten auf der Webseite des Instituts, ein Blog einer Forschungsgruppe, oder einen Newsletter, in dem Hinweise zu neuen Publikationen untergebracht werden? Dozierende, die Studierende bei der Überarbeitung ihrer Qualifikationsarbeit für die Veröffentlichung unterstützt haben, werden hier möglicherweise noch weitere Ratschläge geben können. Eine Nachfrage lohnt sich auf jeden Fall.

Vielen Zeitschriften und Verlage kooperieren mit der International DOI Foundation. Diese stellt für wissenschaftliche Dokumente und Datensätze einen sogenannten DOI (*Digitial Object Identifier*) bereit. Dies ist ein eindeutiger Identifikator und Link, der es möglich macht, dauerhaft auf digitale Objekte zu verweisen. Selbst wenn sich der Speicherort eines Aufsatzes ändert (z. B. bei Umgestaltung der Webseite einer Fachzeitschrift) bleibt dieser Link gleich und verweist auch in Zukunft immer auf die entsprechende Veröffentlichung. Wenn die Zeitschrift einen DOI-Link zur Verfügung stellt (diese haben die Form https://doi.org/10.XXXXXXX), sollte nur dieser Link verwendet werden, um den Artikel mit anderen zu teilen. Andere Links können schnell veralten und so schnell ins Leere führen. Studentische Fachzeitschriften nutzen vor allem dann DOIs, wenn sie an Hochschulen oder Verlage angebunden sind.

Selbstverständlich haben nicht nur Autor:innen, sondern auch Zeitschriften und Verlage ein Interesse daran, dass die bei ihnen veröffentlichten Aufsätze von möglichst vielen Menschen gelesen werden. Wenn Autor:innen nun aber nicht nur den Link zu einem Aufsatz, sondern auch das Manuskript mit anderen teilen möchten, müssen sie einige Regeln beachten. Dies gilt insbesondere, wenn der Aufsatz in einer Zeitschrift mit Subskriptionsmodell veröffentlicht wurde. Wie wir in Abschn. 4.2 beschrieben haben, werden Zeitschriften auf unterschiedliche Weise finanziert. Beim Subskriptionsmodell bezahlen die Abonnent:innen (d. h. Bibliotheken, Institute oder einzelne Wissenschaftler:innen) für den Bezug einer Zeitschrift. Damit diese Finanzierungsform funktioniert, sind Zeitschriften und Verlage darauf angewiesen, dass die Inhalte nur für ihre Abonnent:innen zugänglich sind. Autor:innen dürfen daher die publizierte Version ihres Aufsatzes im Verlagslayout (*Version of Record*), nur an Kolleg:innen weiterleiten oder Studierenden in ihren Veranstaltung zur Verfügung stellen. Sie dürfen die Verlagsversion jedoch nicht auf ihrer Webseite hochladen oder anderweitig verbreiten.

Unabhängig von den Beschränkungen der Verlage besitzen Autor:innen ein sogenanntes Zweitverwertungsrecht (siehe auch Abschn. 4.4). Sie dürfen nach dem Ablauf einer Sperrfrist die letzte Version ihres Manuskripts ohne Verlagslayout (*Accepted Manuscript*) auf ihrer persönlichen Webseite oder im Repositorium der Hochschule veröffentlichen. Wie lang die Sperrfrist vor einer Zweitveröffentlichung ist, regeln die Publikationsbedingungen der Verlage. Bei Zeitschriften, die in Deutschland erscheinen, beträgt dieser Zeitraum laut § 38 Abs. 4 Urheberrechtsgesetz (UrhG) nicht länger als 12 Monate. Sollte ein Aufsatz in Open Access veröffentlicht worden sein, erübrigen sich die oben genannten Einschränkungen. Hier werden Zeitschriften nicht durch Abonnements finanziert und sind somit auch nicht auf die exklusive Verbreitung der Aufsätze angewiesen. Autor:innen dürften hier auch die Verlagsversion ihres Aufsatzes ohne Einschränkungen verbreiten.

Die kurze Darstellung in diesem Abschnitt kann natürlich nicht alle Fragen zum Thema Urheberrecht, Sperrfristen und Open Access vollumfänglich behandeln. Angesichts großer Unterschiede zwischen einzelnen Verlagen, können auch erfahrene Professor:innen den Überblick verlieren. Falls noch weitere Fragen bestehen oder das Thema allgemein etwas verwirrend erscheint, können auch Studierende Beratungsangebote rund um das Thema wissenschaftliches Publizieren in Anspruch nehmen. Dafür stehen an jeder Hochschulbibliothek entsprechende Ansprechpartner:innen zur Verfügung. Bibliotheksangestellte verfolgen aktuelle Entwicklungen im Publikationswesen und können, wenn notwendig, Unklarheiten durch direkten Kontakt mit den jeweiligen Verlagen beseitigen.

10.2   Wissenschaft im Netz: Nützliche Online-Profile

Viele Wissenschaftler:innen sind privat und beruflich in sozialen Netzwerken unterwegs und teilen dort ihre Forschungsergebnisse mit Kolleg:innen aus der ganzen Welt. Neben den sozialen Medien, in denen auch Studierende aktiv sind, gibt es jedoch weitere Plattformen, auf denen sich Wissenschaftler:innen miteinander vernetzen und die sie zur Verbreitung ihrer Forschung nutzen. Damit es bei den Millionen Wissenschaftler:innen weltweit nicht zu Verwechslungen kommt, wer Autor:in eines Aufsatzes ist oder wer eine neue Entdeckung gemacht hat, hat sich im Jahr 2009 die ORCID-Initiative gegründet (www.orcid.org). Eine ORCID bzw. ORCID ID (*Open Researcher and Contributor ID*) ist eine einzigartige und dauerhafte Identifikationsnummer für Wissenschaftler:innen. Sie dient dazu, Verwechslungen in wissenschaftlichen Veröffentlichungen zu vermeiden und eine eindeutige Zuordnung von Forschungsleistungen zu ermöglichen. Auch für studentische Autor:innen ist die kostenlose Registrierung hier also empfehlenswert.

Über ein ORCID-Profil können Wissenschaftler:innen nicht nur eine Liste ihrer Publikationen bereitstellen, sondern auch weitere relevante Informationen, z. B. zu ihrer Arbeitsstelle, Konferenzbeiträgen, und eingeworbenen Drittmitteln. Indem Forschende ihre ORCID mit ihren Arbeiten verknüpfen, wird nicht nur die Auffindbarkeit ihrer Publikationen verbessert. Das ORCID-System unterstützt auch die automatische Aktualisierung von Profilen und Bibliografien, indem sie Informationen aus verschiedenen Quellen synchronisiert. Dies spart Zeit und minimiert Fehler bei der Erfassung von Forschungsaktivitäten. Schließlich ist es bei vielen Zeitschriften möglich, sich über die Eingabe der ORCID in die Redaktionssysteme einzuloggen. Auf diese Weise ist es nicht mehr notwendig, bei jeder Manuskripteinreichung die eigenen Kontaktdaten und weitere Informationen erneut einzugeben. Bei einigen Zeitschriften ist die Angabe der ORCID bei der Einreichung eines Manuskripts sogar verpflichtend.

Schon bei den ersten Literaturrecherche haben Studierenden neben dem Bibliothekskatalog wahrscheinlich auch auf wissenschaftliche Suchmaschinen wie *Google Scholar* (https://scholar.google.com/) oder Datenbanken wie das *Web of Science* (https://webofscience.com/) zugegriffen. Neben der Suchfunktion bieten diese Plattformen ebenfalls die Möglichkeit, ein öffentliches Profil zu erstellen. Ähnlich wie bei einem ORCID-Profil wird dabei die Sichtbarkeit von Wissenschaftler:innen erhöht, indem sie auf alle Publikationen und Projekte der Forschenden verweisen. Außerdem bieten die Profile Statistiken über Zitationszahlen und Informationen zu anderen Aktivitäten der Wissenschaftler:innen (beispielsweise ihre Tätigkeit als Gutachter:in für Fachzeitschriften). Auch studentische Autor:innen können sich hier Profile erstellen, um ihre Sichtbarkeit zu erhöhen. Das *Web of Science* erlaubt dabei eine Verknüpfung mit dem ORCID-Profil, sodass jeweils nur eins der beiden Profile aktualisiert werden muss. Ein *Google Scholar*-Profil erfordert hingegen eine gewisse Pflege und Überwachung, da die Zuordnung von Publikationen zu Autor:innen hier nur auf Basis des Namens erfolgt.

Darüber hinaus existieren verschiedene Plattformen, bei denen Autor:innen Arbeitsversionen ihrer Manuskripte (sogenannte *Pre-Prints*) teilen können. Diese ermöglichen es Wissenschaftler:innen, ihre neuesten Erkenntnisse und Ergebnisse schnell mit der wissenschaftlichen Gemeinschaft zu teilen und Feedback zu erhalten, noch bevor eine formale Veröffentlichung stattfindet. Theoretisch können hier auch die angenommenen Autor:innenversionen bereits publizierter Aufsätze hochgeladen werden. Dabei ist jedoch Vorsicht geboten. Viele Verlage verbieten Autor:innen in ihren Geschäftsbedingungen den Upload bei kommerziellen Portalen. In solchen Fällen ist es oft nur gestattet, die Autor:innenversion eines Aufsatz im Repositorium der eigenen Hochschule zu veröffentlichen.

10.3   Geld für den Aufsatz: Die VGWort

Wissenschaftler:innen werden mit ihren Publikationen nur äußerst selten reich. Für Zeitschriftenaufsätze wird nur in den wenigsten Fällen ein Autor:innenhonorar gezahlt – in jedem Fall nicht bei studentischen Fachzeitschriften. Dennoch gibt es Möglichkeiten, zumindest einen kleinen finanziellen Betrag zu erhalten. Bei der Verbreitung von Texten fallen auf der Grundlage des Urheberrechts Abgaben an, die den Autor:innen und Verlagen zustehen. Beispielsweise müssen Bibliotheken Geld bezahlen, um Bücher kostenfrei zur Ausleihe zur Verfügung zu stellen (sog. Bibliothekstantieme). Hersteller von Kopierern und Druckern, aber auch Betreiber:innen von Copyshops müssen ebenfalls pauschale Abgaben entrichten. Da es viel zu kompliziert und aufwändig wäre, wenn alle Autor:innen ihre Ansprüche einzeln geltend machen würden, gibt es die Verwertungsgesellschaft Wort (VG Wort; www.vgwort. de). Die VG Wort ist ein Verein, der stellvertretend die Nutzungsrechte von Autor:innen und Verlagen wahrnimmt und die Einnahmen an seine Mitglieder verteilt.

Alle Autor:innen – auch Studierende, die ihre Qualifikationsarbeit in einer studentischen Zeitschrift publiziert haben – können sich bei der VG Wort registrieren und an der Verteilung der Einnahmen teilnehmen. Dazu muss zunächst ein Wahrnehmungsvertrag unterschrieben und an die VG Wort geschickt werden. Dies ist für Autor:innen kostenlos. Die VG Wort finanziert sich dadurch, dass sie später einen kleinen Teil der Einnahmen als Verwaltungsentgelt einbehält. Im Anschluss können Autor:innen im Online-Meldeportal T.O.M. (Texte Online Melden) der VG Wort ihre Veröffentlichungen angeben. Der Meldeschluss für das Vorjahr ist dabei jeweils der 31. Januar – eine eventuelle Auszahlung erfolgt dann jeweils im Juli. Studierende sollten beachten, dass es für verschiedene Publikationsformen unterschiedliche Meldeverfahren gibt. Aufsätze in Fachzeitschriften mit Subskriptionsmodell werden standardmäßig in der Kategorie „Wissenschaft" gemeldet. Open-Access-Publikationen müssen hingegen in der Kategorie „Texte im Internet" angegeben werden.

10.4   Zusammenfassung

Die Publikation eines wissenschaftlichen Fachaufsatzes ist ein Meilenstein für jede:n Autor:in – umso mehr, wenn es sich dabei um eine überarbeitete Qualifikationsarbeit handelt. Jetzt stellt sich noch die Frage, wie der eigene Aufsatz am besten mit anderen Wissenschaftler:innen geteilt werden kann. In diesem Kapitel haben wir erklärt, wie Autor:innen soziale Medien und wissenschaftliche Online-Profile nutzen können, um die Reichweite ihrer Forschung zu erhöhen. Dabei sind wir insbesondere auf die Funktionsweise von DOI-Links und ORCID-Profilen eingegangen, die eine eindeutige und dauerhafte Identifikation von Publikationen und Wissenschaftler:innen ermöglichen. Außerdem wurden die Rahmenbedingungen des Zweitverwertungsrechts von Autor:innen erklärt und vorgestellt, wie Autor:innen durch Registrierung bei der VG Wort Geld für ihre Texte erhalten können.

Dies ist das letzte Kapitel im dritten Teil dieses Buches, der Studierende von der Einreichung des Manuskripts bis zur Publikation begleitet hat. In der Zusammenfassung im nächsten Kapitel rekapitulieren wir nun noch einmal die Kernaussagen des gesamten Buches, geben einen Ausblick auf den Übergang zur Publikation wissenschaftlicher Originalarbeiten in etablierten Fachzeitschriften und diskutieren die Integration studentischen Publizierens in der Lehre.

Übungsaufgaben

Aufgabe 1: Machen Sie sich mit der ORCID-Plattform und den Autor:innenprofilen von Google Scholar vertraut. Gehen Sie dazu auf die Profile der beiden Autoren dieses Buches und schauen Sie, welche Informationen Sie herausfinden können.

- Philipp Köker
  - ORCID: https://orcid.org/0000-0003-2529-6947
  - Google Scholar: https://scholar.google.de/citations?user=6piv6nwAAAAJ
- Morten Harmening
  - ORCID: https://orcid.org/0000-0002-5223-4920
  - Google Scholar: https://scholar.google.de/citations?user=Dt84A_0AAAAJ

Aufgabe 2: Es gibt viele wissenschaftliche Blogs. Hier werden wissenschaftliche Erkenntnisse in kürzer Form als in einem Artikel publiziert und für ein breiteres Publikum zugänglich gemacht. Recherchieren Sie, welche Blogs es in Ihrer Disziplin bzw. Subdisziplin gibt. Schauen Sie außerdem, wer dort etwas veröffentlichen kann und wie der Einreichungsprozess abläuft.

Aufgabe 3: Wenn Ihr Manuskript in einer studentischen Zeitschrift erschienen ist, lohnt es sich auch, einen Blog-Beitrag darüber zu verfassen. Im Idealfall finden Sie einen Blog, der diesen veröffentlicht. Eventuell ist auch Ihr Institut daran interessiert, Ihren Beitrag auf der Website zu veröffentlichen. Auch falls Sie keine Veröffentlichungsmöglichkeit finden, kann Ihnen das Zusammenfassen des Aufsatzes in allgemein verständlicher Sprache helfen, Ihre Forschung in anderen Kontexten in einfachen Worten zu erklären (z. B. in Bewerbungsgesprächen). Patrick Dunleavy hat einen ausführlichen Leitfaden für Wissenschaftler:innen verfasst, die basierend auf ihren Fachaufsatz zu einem Blog-Beitrag schreiben möchten. Nutzen Sie diesen Leitfaden, um einen Blogbeitrag mit einem Umfang von ca. 800 Wörtern zu verfassen.

Dunleavy, P. (2016, 25. Januar). How to write a blogpost from your journal article in eleven easy steps. *LSE Impact Blog*. https://blogs.lse.ac.uk/impactofsocialsciences/2016/01/25/how-to-write-a-blogpost-from-your-journal-article/

Publizieren in nicht-studentischen Zeitschriften und der Lehre

11

In diesem Kapitel:

- Was sind die Kernaussagen dieses Buches?
- Was ist beim Übergang zur Publikation in nicht-studentischen Fachzeitschriften zu beachten?
- Wie kann studentisches Publizieren in die Lehre integriert werden?

Studierende an deutschen Hochschulen schreiben jedes Jahr tausende Haus- und Abschlussarbeiten, in denen sie spannenden Forschungsfragen nachgehen und nicht selten einen eigenständigen Beitrag zum wissenschaftlichen Fortschritt leisten. Leider werden auch exzellente Arbeiten häufig nur von den Prüfenden gelesen und verschwinden danach in den in Schubladen und Aktenschränken der Hochschulen. Die Ergebnisse studentischer Forschung bergen jedoch großes Potenzial für die Wissenschaft und sollten deswegen einer breiteren Öffentlichkeit zugänglich gemacht werden.

Studentisches Publizieren – d. h. die Publikation wissenschaftlicher Fachaufsätze in studentischen Fachzeitschriften – bietet eine exzellente Möglichkeit, Erkenntnisse aus Qualifikationsarbeiten in den wissenschaftlichen Diskurs einzubringen. In diesem Buch haben wir die studentische Publikationslandschaft vorgestellt sowie die Vorteile und Chancen beleuchtet, die sich aus einer studentischen Publikation ergeben. Außerdem haben wir einen umfassenden Leitfaden für Studierende entwickelt, die eine Publikation auf der Grundlage einer Haus- oder Abschlussarbeit erstellen möchten. Dieser enthält nicht nur zahlreiche Hinweise zur Überarbeitung der eigenen Arbeit, sondern auch Ratschläge zur Bewältigung der Herausforderungen im weiteren Publikationsprozess. Abschließend haben wir erläutert, wie eine Publikation erfolgreich verbreitet werden kann.

© Der/die Autor(en), exklusiv lizenziert an Springer Fachmedien Wiesbaden GmbH, ein Teil von Springer Nature 2024
P. Köker, M. Harmening, *Studentisches Publizieren in den Sozialwissenschaften*,
https://doi.org/10.1007/978-3-658-43169-3_11

In diesem Kapitel geben wir nun Tipps für den Übergang zu Publikationen in nicht-studentischen Fachzeitschriften und für die Integration von studentischem Publizieren in die Hochschullehre.

11.1   Publizieren in nicht-studentischen Fachzeitschriften

Studierende, die einen Aufsatz in einer studentischen Zeitschrift publiziert haben, können dem Übergang zur Publikation in nicht-studentischen Fachzeitschriften selbstsicher entgegensehen. Sie haben bereits viele der größten Herausforderungen des Publikationsprozesses – von der Formatierung des Manuskripts vor der Einreichung bis hin zum Umgang mit Fachgutachten – kennengelernt und erfolgreich gemeistert. Dennoch müssen sich Autor:innen auf einige Unterschiede einstellen, die wir in diesem Abschnitt kurz erläutern.

Studentische Zeitschriften verfolgen das explizite Ziel, Studierende bei der Veröffentlichung ihrer Arbeiten zu unterstützen. Der Publikations- und Begutachtungsprozess als solcher findet somit stets in einer freundlichen Atmosphäre statt. Sowohl die Redaktion als auch Gutachter:innen versuchen, konstruktives und ausführliches Feedback zur Arbeit zu geben und haben mehr Geduld mit Autor:innen, die beim ersten Mal nicht alles richtig machen. Hier ist der sprichwörtliche Weg das Ziel, während Zitationsmetriken oder der Profitdruck von Verlagen keine Rolle spielen.

Im Gegensatz zu studentischen Fachzeitschriften ist der Publikationsprozess bei einer etablierten Fachzeitschrift deutlich weniger unterstützend gestaltet. Zwar haben einige Fachzeitschriften inzwischen Programme etabliert, bei denen Nachwuchswissenschaftler:innen von der Redaktion mehr Feedback auf ihre Arbeiten erhalten (z. B. das *European Journal of Development Research*). Dennoch müssen sich Autor:innen darauf einstellen, dass sie hier deutlich weniger Unterstützung oder Entgegenkommen erwartet. Bei der Einreichung konkurrieren sie nun mit der Masse an Manuskripten etablierter Wissenschaftler:innen und so können schon kleinere Mängel zu einer direkten Ablehnung führen. Aber gerade deshalb ist die Veröffentlichung in einer studentischen Zeitschrift eine unvergleichbar wertvolle Erfahrung, durch die Studierende lernen können, mit solchen zukünftigen Herausforderungen umzugehen.

Bei Einreichungen in nicht-studentischen Fachzeitschriften handelt es sich fast ausschließlich um wissenschaftliche Originalarbeiten, d. h. um Aufsätze, die nicht als Qualifikationsarbeiten entstanden sind. Eine Ausnahme können Abschlussarbeiten aus Studiengängen sein, bei denen die Masterthesis schon in Form eines wissenschaftlichen Aufsatzes verfasst wurde. In jedem Fall geht dies mit deutlich höheren Ansprüchen an die Qualität des Manuskripts einher. Schon bei der Planung ihres Aufsatzes sollten Autor:innen daher die Hinweise und Kriterien beachten, die wir in Kap. 5, 6 und 7 vorgestellt haben. Zudem sollten sie sich ausführliches Feedback zu ihren Ideen und Plänen einholen (von Kommiliton:innen und/oder Dozierenden) bevor sie mit der Arbeit beginnen und nicht erst wenn der Aufsatz schon geschrieben ist. Hierbei kann der Besuch einer Fachkonferenz oder eines Workshops sehr hilfreich sein. Wer sich hier mit einer Originalarbeit bewirbt, hat die Chance, auch schon im Masterstudium als Wissenschaftler:in ernst genommen zu werden.

Wie der Name Originalarbeit bereits ahnen lässt, ist die Originalität eines Aufsatzes eines der wichtigsten Kriterien, um diesen in einer etablierten Fachzeitschrift publizieren zu können. Originalität bedeutet hier, dass Autor:innen nicht nur neue und bisher unveröffentlichte Ideen, Argumente oder Forschungsergebnisse präsentieren, sondern diese auch einen klar erkennbaren Beitrag zum wissenschaftlichen Fortschritt in ihrem Fachgebiet leisten. Autor:innen müssen überzeugend darlegen, wie ihr Manuskript diese Anforderungen erfüllt und sich dabei explizit an ein spezialisiertes Fachpublikum richten. Weiterhin zeichnen sich Aufsätze durch eine durchgehende Rigorosität aus. Dies bedeutet, dass jedes Element der Arbeit den höchsten wissenschaftlichen Standards genügen muss. Autor:innen müssen ihre Vorgehensweise an jeder Stelle begründen und verteidigen können. Dies ist nicht nur für eine selbstbewusste und nuancierte Darstellung des eigenen Beitrags wichtig, sondern auch für ein erfolgreiches Durchlaufen des Begutachtungsprozesses.

Es ist nicht unbedingt einfach, den vielfältigen Anforderungen an eine originäre und rigorose Arbeit gerecht zu werden. Deswegen kann es sich für die erste Publikation in einer nicht-studentischen Zeitschrift empfehlen, eine:n erfahrene:n Ko-Autor:in zu suchen. Diese:r kann nicht nur bei der strategischen Planung und dem Verfassen des Aufsatzes eine große Hilfe sein, sondern auch bei der anschließenden Überarbeitung auf Basis der Fachgutachten. Je nach Fachzeitschrift und Disziplin ist es zudem möglich, dass die Redaktion eher bereit ist, Aufsätze noch unbekannter Autor:innen in den Begutachtungsprozess zu geben, wenn sie eine:n erfahrene:n Ko-Autor:in haben. Allerdings kann auch eine Ko-Autor:innenschaft mit Kommiliton:innen sehr gewinnbringend sein. Die Zusammenarbeit erlaubt es, Stärken zu kombinieren und führt so im Idealfall zu einer gesteigerten Qualität des Manuskripts.

Schließlich sollten sich Autor:innen beim Übergang zu nicht-studentischen Fachzeitschriften realistische Ziele setzen. Der erste Beitrag sollte entsprechend nur in Ausnahmefällen bei der prestigeträchtigsten Zeitschrift im eigenen Feld eingereicht werden. Je höher der *Impact Factor* einer Zeitschrift (d. h. die durchschnittliche Anzahl der Zitationen von Artikeln in dieser Zeitschrift in den letzten Jahren), desto mehr Wissenschaftler:innen wollen dort auch ihre Aufsätze publizieren. Entsprechend hoch sind jedoch die Qualitätsansprüche und die Ablehnungsquoten, die auch häufig auf den Webseiten der Zeitschriften ausgewiesen werden.

Auch andere Wissenschaftler:innen versuchen nicht ausschließlich in diesem Zeitschriften zu publizieren, sondern suchen sich für jedes Manuskript die passende Zeitschrift. Insbesondere bei der ersten nicht-studentischen Publikation ist es zudem schon ein großer Erfolg, wenn der eigene Aufsatz überhaupt in einer etablierten Fachzeitschrift erscheint.

11.2   Studentisches Publizieren in der Lehre

Die Integration studentischen Publizierens in die Hochschullehre und die Ausbildung von Studierenden hat viele Vorteile. Wie wir in Kap. 2 dargelegt haben, profitieren sowohl Studierende als auch Dozierende und Hochschulen von einer praxisorientierten wissenschaftlichen Ausbildung der Studierenden. Dozierende, die studentisches Publizieren in ihre Lehre integrieren möchten, können dabei auf drei Varianten zurückgreifen. Studierende haben aber ebenfalls die Möglichkeit, selbst die Initiative zu ergreifen. Im Folgenden stellen wir diese Varianten kurz dar.

Inhaltlich-orientierte Lehrveranstaltungen Viele Lehrveranstaltungen an Hochschulen vermitteln Fachinhalte, d. h. Studierende lesen und diskutieren relevante Literatur und Forschungsergebnisse. In diesen Seminaren erstellen Studierende meist Hausarbeiten mit einer eigenen Fragestellung im Themenbereich des Seminars. Als begleitendes Element können hier Informationen zum wissenschaftlichen Publikations- und Begutachtungsprozess vermittelt und Haus- oder Seminararbeiten in Form wissenschaftlicher Aufsätze verfasst werden. Diese können anschließend bei einer studentischen Fachzeitschrift eingereicht werden – möglicherweise als Sonderheft mit Dozierenden als Gastherausgeber:innen.

Lehrforschungsprojekte In forschungsorientierten Seminaren und Lehrforschungsprojekten beschäftigen sich Studierende mit einer übergeordneten Fragestellung und bearbeiten in Kleingruppen eigenständig eine eigene Forschungsfrage. Diese Seminare begleiten Studierende häufig insbesondere bei der Datensammlung und -analyse wobei die Ergebnisse später in Form einer Hausarbeit oder eines Projektberichtes festgehalten werden. Auch hier lassen sich Sitzungen zum wissenschaftlichen Publizieren in die Seminarstruktur integrieren, z. B. indem alle Studierenden auf eine gemeinsame Publikation hinarbeiten oder Sitzungen zu den einzelnen Schritten des Forschungsprozesses mit Informationen zu den Kriterien publikationsfähiger Aufsätze ergänzt werden.

Schlüsselkompetenzkurse Schlüsselkompetenzkurse sind ein fester Bestandteil der meisten Studiengänge. Diese Kurse zielen darauf auf, überfachliche Fähigkeiten zu vermitteln, Studierende bei ihrer persönlichen Entwicklung zu unterstützen sowie ihre Berufschancen zu steigern. Studentisches Publizieren kann in diesem Format als eigenständiger Kurs angeboten werden, in dem Studierende mehr über den wissenschaftlichen Publikationsprozess erfahren und als Teil des Kurses eine Haus- oder Abschlussarbeit zur Einreichung bei einer studentischen Fachzeitschrift überarbeiten.

Journal Clubs Wenn sich Studierende für das studentische Publizieren interessieren, an ihrer Hochschule aber keine entsprechende Lehrveranstaltung angeboten wird, können sie einen Journal Club gründen. Journal Clubs sind regelmäßige Treffen von Studierenden und Nachwuchswissenschaftler:innen, in denen die Teilnehmenden ihre aktuellen Forschungsarbeiten diskutieren und zur Einreichung bei einer Fachzeitschrift (*Journal*) vorbereiten. Die Clubs haben dabei eine ähnliche Funktion wie wissenschaftliche Kolloquien, arbeiten allerdings explizit auf die Publikation von Aufsätzen in Fachzeitschriften hin. Dabei können alle Teilnehmenden von einem Treffen zum nächsten entweder immer die gleichen Abschnitte bearbeiten oder es werden Arbeiten in unterschiedlichen Entwicklungsstadien besprochen.

Natürlich gibt es darüber hinaus noch viele weitere Möglichkeiten, studentisches Publizieren in die Lehre zu integrieren. Einige Kapitel dieses Buches lassen sich auch unabhängig von einem Publikationsvorhaben als Seminarlektüre verwenden, um Studierenden ein besseres Verständnis des Wissenschaftsbetriebs zu vermitteln. Das folgende Beispiel enthält einen Musterseminarplan sowie mehrere Vorschläge für Leistungsnachweise und kann Dozierenden, aber auch Studierenden in einem Journal Club, als Inspiration und Struktur dienen.

Musterseminarplan: Studentisches Publizieren

Allgemeiner Hinweis: Studierende profitieren am meisten von einem Seminar zum studentischen Publizieren, wenn der gesamte Publikationsprozess durch den:die Dozent:in begleitet wird. Bei inhaltlich-orientierten Lehrveranstaltungen bietet sich daher eine Zweiteilung des Seminars an (idealerweise über zwei Semester). Der hier vorgeschlagene Seminarplan bezieht sich lediglich auf die Sitzungen zum studentischen Publizieren.

Das Seminar kann entweder so genutzt werden, dass Studierende am Anfang des Seminars eine Forschungsfrage entwickeln und über das Seminar einen Zeitschriftenaufsatz schreiben oder Studierende bringen bereits eine fertige Hausarbeit zu Beginn des Seminars mit und arbeiten diese zu einem Zeitschriftenaufsatz um.

Vorschläge für Leistungsnachweise
Abgabe und Präsentation der Forschungsfrage

- Basieren auf Kriterien, die zu Beginn des Seminars erarbeitet wurden, entwickeln Studieren eine eigene Forschungsfrage. Diese dient als Grundlage für das Manuskript, das im weiteren Verlauf des Seminars erarbeitet wird.
- Deadline: Sitzung 6

Abgabe eines Research-Proposals

- Als Grundlage für die Diskussion in den Sitzungen 11 und 12 erarbeiten Studierende ein Research Proposal. Dieses folgt dem Aufbau eines Aufsatzes, muss aber noch keine Ergebnisse oder Schlussfolgerung enthalten.
- Elemente: Einleitung, Forschungsstand, Theorie, Daten und Methoden
- Länge 6–8 Seiten
- Deadline: Sitzung 10

Vorstellung des Research-Proposals in die letzten beiden Sitzungen

- In den letzten beiden Sitzungen stellen Studierende ihre geplanten Aufsätze vor. Die Grundlage dafür ist das zuvor erarbeitete Research Proposal.

Diskussion eines Research Proposals

- Studierende kommentieren das Research Proposals eines:einer Kommiliton:in sowohl in Form von kurzen schriftlichen Kommentaren als auch durch einen kurzen mündlichen Beitrag in der Sitzung.
- Die Kommentare sollten sich dabei auf die Kriterien für wissenschaftliche Aufsätze beziehen, die im ersten Teil des Seminars erarbeitet wurden.

Abgabe der Hausarbeit in Form eines Zeitschriftenaufsatzes

- Studierende schreiben ihre Haus- oder Seminararbeit in Form eines Zeitschriftenaufsatzes ODER Studierende überarbeiten eine bestehende Hausarbeit.
- Zusätzlich zum Aufsatz reichen Studierende eine begründete Auswahl einer passenden Fachzeitschrift ein, bei der das Manuskript eingereicht werden könnte.

Übersicht der Sitzungen
Sitzung 1: Einführung

- Publizieren in der Wissenschaft
- Studentisches Publizieren vs. nicht-studentisches Publizieren
- Kapitel aus diesem Buch: Kap. 1 und 2

Sitzung 2: Relevanz und Forschungsfrage

- Was ist ein Research Puzzle und wie identifiziert man es?
- Anforderungen an eine Forschungsfrage in einer Publikation
- Relevanz von Forschung explizit und implizit darstellen

Sitzung 3: Unterschiede zwischen Hausarbeit und Fachaufsatz

- Allgemeine Unterschiede im Aufbau beider Formate
- Stil und Gestaltung der Einleitung
- Kapitel aus diesem Buch: Kap. 3

Sitzung 4: Der wissenschaftliche Publikationsprozess

- Funktion und Ablauf des wissenschaftlichen Publikationsprozesses
- Open Access und Raubverlage
- Kapitel aus diesem Buch: Kap. 4

Sitzung 5: Forschungssand und Theorie

- Struktur und Gütekriterien der Elemente
- Unterschiedliche Gestaltung in Hausarbeit und Zeitschriftenaufsatz

Sitzung 6: Daten, Methoden, Ergebnisse und Zusammenfassung

- Struktur und Gütekriterien der Elemente
- Unterschiedliche Gestaltung in Hausarbeit und Zeitschriftenaufsatz

Sitzung 7: Vorstellung und Diskussion der erarbeiteten Forschungsfragen

- Sind die Forschungsfragen für einen publikationsfähigen Aufsatz geeignet?
- Peer-Feedback

Sitzung 8: Inhaltlich Überarbeitung von Qualifikationsarbeiten

- Praktische Anwendung des erlernten Wissens über die Unterschiede zwischen den Formaten
- Kapitel aus diesem Buch: Kap. 6

Sitzung 9: Sprachliche und formale Überarbeitung von Qualifikationsarbeiten

- Praktische Anwendung des erlernten Wissens über die Unterschiede zwischen den Formaten
- Kapitel aus diesem Buch: Kap. 7

Sitzung 10: Die Auswahl der Zeitschrift

- Kriterien zur Auswahl der Fachzeitschrift erarbeiten
- Verschiedene Fachzeitschriften kennenlernen
- Eine Fachzeitschrift für die eigene Arbeit auswählen
- Kapitel aus diesem Buch: Kap. 8

Sitzung 11: Einreichung, Begutachtungsprozess und Überarbeitung

- Vermittlung des Begutachtungsprozesses Schritt für Schritt
- Umgang mit den Gutachten
- Umgang mit einer Ablehnung
- Kapitel aus diesem Buch: Kap. 9 und 10

Sitzung 12: Konferenzsimulation

- Studierende stellen ihre Research Proposals vor und geben sich gegenseitig konstruktives Feedback ◀

11.3   Zum Abschluss

Wir hoffen, dass dieses Buch sowohl Studierende als auch Dozierende ermutigt hat, sich näher mit dem studentischen Publizieren zu beschäftigen. Vielleicht nehmen studentische Leser:innen nach der Lektüre des Buches nun die Überarbeitung einer Qualifikationsarbeit in Angriff, um sie später bei einer studentischen Fachzeitschrift zu publizieren. Möglicherweise werden auch Dozierende einzelne Kapitel in ihre Seminare integrieren oder sogar ein Lehrforschungsseminar mit anschließender Publikation unterrichten. Selbst wenn nicht alle Leser:innen diese Ziele verfolgen, haben sie aus diesem Buch hoffentlich etwas für ihr Studium oder ihre Lehre mitnehmen können. Wir hoffen, dass unser Buch zukünftig dazu beiträgt, dass mehr Wissenschaftler:innen und Dozierende das wissenschaftliche Potenzial studentischer Forschungsarbeiten erkennen und diesen zu mehr Sichtbarkeit verhelfen.

Wir würden uns sehr freuen, von den Erfahrungen unserer Leser:innen mit diesem Buch zu hören. Kontaktieren Sie uns jederzeit mit Fragen, Feedback oder Berichten, wie es Ihnen bei Ihrer ersten Publikation oder der Durchführung eines Lehrforschungsseminars ergangen ist.

Philipp Köker – p.koeker@ipw.uni-hannover.de

Morten Harmening – m.harmening@ipw.uni-hannover.de

Unsere Webseite – www.studentisches-publizieren.de

Weiterführende Literatur

Blair, A., Buckley, F., Rashkova, E., & Stockemer, D. (2020). Publishing in political science journals. *European Political Science, 19*(4), 641–652.

- In diesem Beitrag formulieren die Herausgeber:innen der Zeitschrift *European Political Science* verschiedene Hinweise für Autor:innen politikwissenschaftlicher Aufsätze und formulieren verschiedene Strategien, um die Erfolgschancen bei der Einreichung zu verbessern.

Köker, P. (2022, 19. September). Exekutiven im Vergleich – Ein zweiteiliges Lehrforschungsseminar. Ein Lehrprojekt von Philipp Köker. *DVPW Blog.* https://www.dvpw.de/blog/exekutiven-im-vergleich-ein-zweiteiliges-lehrforschungsseminar-ein-lehrprojekt-von-philipp-koeker

- In diesem Blog Post beschreibt Philipp sein zweiteiliges Lehrforschungsseminar „Exekutiven im Vergleich", in dem die ersten Materialien für dieses Buch erstellt wurden und reflektiert die Erfolge der Veranstaltung.

Ruhl, K., Mahrt, N., & Töbel, J. (Hrsg.) (2010). *Publizieren während der Promotion.* VS Verlag für Sozialwissenschaften.

- Dieser Sammelband bringt eine Reihe verschiedener Perspektiven zum wissenschaftlichen Publizieren in den Sozialwissenschaften zusammen. Neben allgemeinen Hinweisen gibt hier auch Beiträge aus den verschiedenen Unterdisziplinen der Sozialwissenschaften.

Glossar

[Abstract] Eine kurze und prägnante Zusammenfassung eines Fachaufsatzes in 150 bis 300 Worten.

[Abstracting] Das Vorstrukturieren einer Arbeit in Form eines → *Abstracts*. Ziel des Prozesses ist es, wichtige Kernelemente des geplanten Aufsatzes zu identifizieren und die Struktur vorzugeben.

[Accepted manuscript] Siehe → *Autor:innenversion eines Manuskripts.*

[Antwortschreiben an die Gutachter:innen und die Redaktion] Eine ausführliche Dokumentation der Änderungen im → *Begutachtungsverfahren.* Ein Antwortschreiben soll den → *Gutachter:innen* und der Redaktion (siehe → *Herausgeber:innen*) helfen nachzuvollziehen, wie sich Autor:innen mit den einzelnen Kritikpunkten auseinandergesetzt haben. Falls einzelne Änderungsvorschläge nicht umgesetzt wurden, wird dies im Antwortschreiben ausführlich begründet.

[Autor:innenversion eines Manuskripts] Die Version eines wissenschaftlichen Aufsatzes, der von einer Fachzeitschrift zur Publikation angenommen wurde. Diese letzte Version wurde noch nicht von der Redaktion oder dem Verlag formatiert und darf nach einer Sperrfrist z. B. in einem → *Repositorium* veröffentlich werden. Siehe auch → *Zweitverwertungsrecht.*

[Begutachtungsverfahren] Ein Verfahren zur Qualitätssicherung in der Wissenschaft. Wissenschaftler:innen (→ *Gutachter:innen*) überprüfen Manuskripte im Hinblick auf ihre allgemeine Qualität, Relevanz und Richtigkeit bevor diese veröffentlicht werden. Begutachtungsverfahren werden nicht nur von Fachzeitschriften eingesetzt, sondern auch zur Überprüfung von Anträgen auf Forschungsgelder.

P. Köker, M. Harmening, *Studentisches Publizieren in den Sozialwissenschaften*, https://doi.org/10.1007/978-3-658-43169-3

[Call for Papers] Eine Einladung zur Einreichung wissenschaftlicher Beiträge. Während Fachzeitschriften hier um potenziell publikationsgeeignete Aufsätze bitten, laden Fachgesellschaften, Hochschulen oder Institute mit einem Call for Papers (CfP) zu Konferenzen oder Workshops ein. Die Einladung steckt dabei in der Regel den thematischen Rahmen für die Beiträge ab und richtet sich an Wissenschaftler:innen, die in dem jeweiligen Feld tätig sind. Auch studentische Fachzeitschriften und Konferenzen machen davon Gebrauch.

[Debattenbeitrag] Eine Aufsatzform, die verschiedene theoretische Perspektiven zu einem bestimmten Thema oder einer Forschungsfrage aufzeigt und dabei wissenschaftliche Kontroversen diskutiert. Ziel eines solchen Beitrag ist es, Leser:innen zum Nachdenken anzuregen und damit die wissenschaftliche Debatte voranzubringen.

[Desk Reject] Die Ablehnung eines → *Manuskripts* durch die → *Herausgeber:innen* einer → *Fachzeitschrift* ohne ein externes → *Begutachtungsverfahren*.

[Druckfahne] Die vorläufige Version eines zu publizierenden → *Manuskripts* im endgültigen Layout. Diese dient zur letzten Überprüfung auf Fehler, des Layout und der Formatierung, bevor es veröffentlicht wird.

[Editorial Review] Ein → *Begutachtungsverfahren* bei dem → *Manuskripte* nur von den → *Herausgeber:innen* überprüft werden.

[Fachzeitschrift] Eine regelmäßig erscheinende Veröffentlichung wissenschaftlicher Aufsätze. Eine Fachzeitschrift kann sich auf ein spezifisches Thema oder eine Subdisziplin beschränken, eine gesamte Disziplin abbilden oder interdisziplinär ausgerichtet sein.

[Gesellschaftliche Relevanz] Das Ausmaß, in dem sich aus einer Forschungsarbeit direkte Folgen für die Gesellschaft oder Einzelpersonen ableiten lassen. Die gesellschaftliche Relevanz ist dann besonders hoch, wenn die Implikationen viele Menschen betreffen oder aber wenige Menschen in hohem Maße. Die gesellschaftliche Relevanz wird neben der → *wissenschaftlichen Relevanz* als eines der wichtigsten Kriterien für sozialwissenschaftliche Forschung angesehen.

[Gutachten] Ein Gutachten ist eine detaillierte und sachliche Beurteilung eines eingereichten Manuskripts eines Fachaufsatzes durch unabhängige Expert:innen (→ *Gutachter:innen*). Gutachten bewerten die Originalität und Qualität des → *Manuskripts* und geben Empfehlungen zur Annahme, Überarbeitung oder Ablehnung des Artikels. → *Herausgeber:innen* einer → *Fachzeitschrift* entscheiden auf dieser Basis über das weitere Vorgehen.

[Gutachter:innen] Wissenschaftler:innen, die die allgemeine Qualität, die Relevanz und die Richtigkeit einer wissenschaftlichen Arbeit bewerten. Sie spielen

eine zentrale Rolle im Publikationsprozess von Fachaufsätzen. Siehe auch →
Begutachtungsverfahren.
[Herausgeber:innen] Wissenschaftler:innen, die eine → *Fachzeitschrift* leiten.
Neben allgemeinen Entscheidungen (wie der inhaltlichen Ausrichtung der Zeit-
schrift) sind sie für die redaktionelle Arbeit verantwortlich. Sie wählen → *Gut-
achter:innen* aus und entscheiden, welche → *Manuskripte* publiziert werden.
[Impact Factor] Ein Maß zum Vergleich des Einflusses verschiedener Fachzeit-
schriften. Der Impact Factor gibt die durchschnittliche Anzahl der Zitationen
eines Aufsatzes in einer → *Fachzeitschrift* über einen bestimmten Zeitraum an.
Ein höher Wert deutet auf einen höheren wissenschaftlichen Einfluss hin.
[Journal Clubs] Ein meist informelles regelmäßiges Treffen von Wissenschaft-
ler:innen oder Studierenden, die ihre aktuellen Forschungsarbeiten mit dem
Ziel diskutieren, diese als Fachaufsatz zu publizieren. Journal Clubs haben eine
ähnliche Funktion wie ein → *Kolloquium* zielen allerdings explizit nur auf Publikationen in → *Fachzeitschriften* (Journals) ab.
[Keywords] Siehe → *Schlüsselbegriffe.*
[Kolloquium] Eine regelmäßige Veranstaltung, bei der Teilnehmende ihre aktuellen Forschungsvorhaben oder Fachaufsätze präsentieren und im Plenum diskutieren. Die vorgestellten Projekte decken ein breites Spektrum von Formaten
ab. Ziel eines Kolloquiums ist es meist, konstruktives Feedback zu erhalten, um
die vorgestellten Ideen zur verbessern und weiterzuentwickeln. Genauso können in Kolloquien kürzlich erschienene Forschungsarbeiten vorgestellt werden.
[Lehrforschungsprojekte] Veranstaltungen, in denen Lehre und Forschung miteinander verknüpft werden. Studierende lernen in diesen Veranstaltungen nicht
nur fachwissenschaftliche Inhalte, sondern werden aktiv in einem Forschungs-
prozess eingebunden oder führen ein Forschungsprojekt eigenständig durch.
[Major Revisions] Eine mögliche Entscheidung der → *Herausgeber:innen* einer
→*Fachzeitschrift* im Rahmen eines wissenschaftlichen → *Begutachtungsverfahrens,* meist in Form eines → *Revise and Resubmit.* Ein → *Manuskript* wurde
auf Basis der → *Gutachten* noch nicht zur Veröffentlichung angenommen, kann
aber nach einer umfangreichen oder grundlegenden Überarbeitung erneut eingereicht werden.
[Manuskript] Eine unveröffentlichte wissenschaftliche Arbeit.
[Minor Revisions] Eine mögliche Entscheidung der → *Herausgeber:innen* einer
→ *Fachzeitschrift* im Rahmen eines wissenschaftlichen → *Begutachtungsverfahrens,* meist in Form eines → *Revise and Resubmit.* Ein → *Manuskript* wurde
auf Basis der → *Gutachten* noch nicht zur Veröffentlichung angenommen, kann
aber nach einer vergleichsweise kleinen Überarbeitung erneut eingereicht und/
oder publiziert werden.

[Open Access] Veröffentlichungsmodell, in dem Publikationen kostenlos zur Verfügung gestellt werden und von jeder Person kostenlos aus dem Internet heruntergeladen werden können.

[ORCID] Die Open Researcher and Contributor ID ist eine eindeutige und dauerhafte Identifikationnummer für Wissenschaftler:innen. Auf einem ORCID-Profil können Wissenschaftler:innen verschiedene Angaben veröffentlichen, z. B. ihre Publikationen, Gutachter:innentätigkeiten, Drittmittel, Konferenzvorträge und ihre institutionelle Anbindung.

[Peer-Review] Siehe → *Begutachtungsverfahren*.

[Preprint] Eine unveröffentlichte wissenschaftliche Arbeit, die durch Wissenschaftler:innen selbstständig veröffentlicht wird (z. B. auf der persönlichen Webseite, in einem → *Repositorium* oder auf einem speziellen Preprint-Server). Ein Preprint durchläuft kein → *Begutachtungsverfahren*.

[Publikationsprozess] Die Gesamtheit aller Schritte, die ein → *Manuskript* bei einer → *Fachzeitschrift* durchläuft, bevor es publiziert wird. Dies beinhaltet insbesondere die Einreichung des Manuskripts, die Prüfung durch die → *Herausgeber:innen*, das externe → *Begutachtungsverfahren*, die Überarbeitung des Manuskripts auf Basis der → *Gutachten* sowie ggf. ein Lektorat und die Veröffentlichung.

[Qualifikationsarbeit] Eine schriftliche Arbeit, die verfasst wird, um bestimmte Fähigkeiten nachzuweisen und einen Hochschulabschluss zu erwerben. Im Studium umfassen diese Arbeiten eine Vielzahl an Formaten (z. B. Hausarbeiten, Essays, Abschlussarbeiten).

[Predatory publisher] Siehe → *Raubverlag*.

[Raubverlag] Verlag, der vortäuscht, Fachaufsätze nach wissenschaftlichen Standards (wie ein → *Begutachtungsverfahren*) zu veröffentlichen. Dabei werden von den Autor:innen hohe Gebühren verlangt.

[Reject after Review] Ablehnung einer wissenschaftlichen Arbeit durch die → *Herausgeber:innen* einer → *Fachzeitschrift* auf Basis von unabhängigen → *Gutachten*.

[Replikation] Die eigenständige Wiederholung einer bestehenden Analyse. Ziel der Replikation ist die Überprüfung der vorhandenen Ergebnisse.

[Replikationsmaterial] Alle Daten und sonstigen Unterlagen (z. B. Erläuterungen oder Skripte), die zur Reproduktion und zum Verständnis der Analyse einer wissenschaftlichen Arbeit erforderlich sind.

[Repositorium] Eine digitale Sammlung wissenschaftlicher Inhalte, wie z. B. Fachaufsätze, Abschlussarbeiten, Dissertationen oder Daten. Die meisten Hochschulen betreiben ihr eigenes Repositorium für ihre Mitarbeitenden, es gibt jedoch auch kommerzielle Angebote.

[**Research Note**] Eine kurze wissenschaftliche Arbeit, die nicht den Umfang eines Fachaufsatzes erreicht. Das Format wird unter anderem genutzt, um theoretische Ideen, neue Methoden oder Daten zu veröffentlichen.

[**Response Letter**] Siehe → *Antwortschreiben an Gutachter:innen und die Redaktion.*

[**Revise and Resubmit**] Eine mögliche Entscheidung der → *Herausgeber:innen* einer → *Fachzeitschrift* im Rahmen eines wissenschaftlichen → *Begutachtungsverfahrens.* Ein → *Manuskript* wurde auf Basis der → *Gutachten* nicht zur Veröffentlichung angenommen, kann aber nach einer Überarbeitung erneut eingereicht werden. Siehe auch → *Minor Revisions,* → *Major Revisions.*

[**Schlüsselwörter**] Begriffe, die dazu dienen, den Inhalt wissenschaftlicher Aufsätze präzise zu kennzeichnen und die Auffindbarkeit zu erhöhen. Sie erleichtern anderen Forschern die Identifikation relevanter Arbeiten in Datenbanken und Suchmaschinen.

[**Social Science Citation Index (SSCI)**] Eine Zitationsdatenbank, die Zitationen aus zahlreichen sozialwissenschaftlichen Zeitschriften dokumentiert und nachvollziehbar macht.

[**Studentisches Publizieren**] Das Publizieren von wissenschaftlichen Arbeiten durch Studierende oder Absolvent:innen in (studentischen) → *Fachzeitschriften.*

[**VG Wort**] Die Verwertungsgesellschaft Wort (VG Wort) nimmt stellvertretend für Autor:innen und Verlage urheberrechtliche Nutzungsrechte wahr. Sie verteilt die rechtlich zugesicherte Vergütung für die Nutzung von Texten und anderen Medien an alle Autor:innen, die mit ihr einen Wahrnehmungsvertrag geschlossen haben.

[**Wissenschaftliche Relevanz**] Das Ausmaß, in dem eine Forschungsarbeit nennenswerte Implikationen für den aktuellen Forschungsstand hat. Die wissenschaftliche Relevanz kann unterschiedlich begründet sein. Eine Arbeit kann unter anderem eine theoretische oder methodische Innovation beinhalten oder eine neue Datengrundlage heranziehen. Die wissenschaftliche Relevanz wird neben der → *gesellschaftlichen Relevanz* als eines der wichtigsten Kriterien für sozialwissenschaftliche Forschung angesehen.

[**Zweitverwertungsrecht**] Das Recht von Autor:innen, ihre bereits veröffentlichten wissenschaftlichen Beiträge nach einer ersten Veröffentlichung in einer anderen Weise erneut zu nutzen. Dies kann zum Beispiel den Upload der → *Autor:innenversion eines Manuskripts* im → *Repositorium* einer Hochschule beinhalten. Die genauen Bestimmungen hierfür werden durch das Urheberrecht und die Geschäftsbedingungen der Verlage geregelt.

Printed in the United States
by Baker & Taylor Publisher Services